Bernard Lievegoed

Planetenwirken und Lebensprozesse
in Mensch und Erde

Herausgegeben vom
Forschungsring für Biologisch-Dynamische
Wirtschaftsweise e.V., Darmstadt

BERNARD LIEVEGOED

Planetenwirken und Lebensprozesse in Mensch und Erde

Beiträge zum Verständnis
des Wirkens der von Rudolf Steiner
für die Landwirtschaft
angegebenen Heilpflanzenkomposte

VERLAG FREIES GEISTESLEBEN

Die Deutsche Bibliotkek – CIP-Einheitsaufnahme

Lievegoed, Bernardus C.J.:
Planetenwirken und Lebensprozesse
in Mensch und Erde: Beiträge zum Verständnis
des Wirkens der von Rudolf Steiner für die
Landwirtschaft angegebenen Heilpflanzen-
komposte / Bernard Lievegoed. [Hrsg. vom
Forschungsring für Biologisch-Dynamische
Wirtschaftsweise e.V., Darmstadt]. –
6. Aufl. – Stuttgart: Verlag Freies
Geistesleben, 1992

ISBN 3-7725-1013-2

6. Auflage 1992

Einband: Walter Schneider / Uta Böttcher
© 1992 Verlag Freies Geistesleben GmbH, Stuttgart
Druckerei: Greiserdruck, Rastatt

Inhalt

Vorwort der Herausgeber

Diese Veröffentlichung ist bestimmt für den Kreis von Persönlichkeiten, die sich eine umfassende Kenntnis der Grundlagen der Biologisch-Dynamischen Wirtschaftsweise erarbeitet haben, d. h. vor allem auch der in Koberwitz vom 7.–16. Juni 1924 gehaltenen Vorträge Rudolf Steiners, und die auch mit der Herstellung der Heilpflanzenkomposte, des Horndunges und des Hornkiesels vertraut sind. Für die landwirtschaftliche Arbeit und für das Verständnis des Wirkens der sogenannten «Präparate» kann der vorliegende Beitrag von Dr. Lievegoed wertvolle Anregungen geben. Wohl ist es ein erster, tastender Versuch, das Wirken der Präparate vom Gesichtspunkt der Planetenwirksamkeiten zu verstehen. Aber dieser Versuch kann den Landwirten und Gärtnern sowie unseren naturwissenschaftlichen Mitarbeitern Anregung zu Aussprachen geben, zum tieferen Erarbeiten des Webens der Planetenprozesse im physiologischen Geschehen im Menschen und in den anderen Naturreichen sowie zu Beobachtungen und Versuchen auf neuer Grundlage. So werden die Ausführungen von Dr. Lievegoed die Arbeit zur Gesundung der Landwirtschaft befruchten können, auch wenn manche Einzelheiten sich als unzulänglich oder einseitig gegenüber den umfassenden Lebenswirklichkeiten erweisen sollten.

Dr. B. C. J. Lievegoed hat bei der Betreuung des Gartengeländes seines heilpädagogischen Institutes in Zeist durch viele Jahre hindurch Erfahrungen mit der Durchführung der biologisch-dynamischen Wirtschaftsweise und der Herstellung der Präparate gesammelt. Außerdem jedoch hatte er sich auf der Grundlage der geisteswissenschaftlichen Forschungen Rudolf Steiners eine intime Kenntnis des Webens der Planetenprozesse im menschlichen Organismus erarbeiten und diese Erkenntnis immer wieder prüfen, erweitern und vertiefen können, wenn er als praktischer Arzt die Wirkungen der Heilmittel bei seinen Patienten studierte. Aus dem Zusammenschauen seiner Erkenntnisse aus diesen beiden Bereichen ist in langjährigem Ringen die vorliegende Arbeit entstanden. Sicherlich hat zur Ermöglichung der Fertigstellung dieser Arbeit das klärende Gespräch mit den Freunden aus dem medizinischen, naturwissenschaflichen, landwirtschaftlichen Arbeitskreise beigetragen.

Es bedarf kaum der Erwähnung, daß der Inhalt dieser Veröffentlichung für diejenigen völlig unverständlich bleiben müßte, die sich nicht die Grundlagen der anthroposophischen Geisteswissenschaft erarbeitet haben. Eine Reihe von Schriften, die diese Kenntnisse vermitteln können, sind am Ende dieses Heftes angegeben. Die Absicht der Herausgeber wäre nicht erfüllt, wenn die Ausführungen von Dr. Lievegoed Anleitung geben würden, die Wirksamkeiten der einzelnen Präparate dogmatisch mit den entsprechenden Planetenprozessen in Verbindung zu bringen und auf solche Weise starre Begriffsformen zu prägen. Fördernd für die Arbeit könnte wohl nur sein, wenn diese Schrift Anregung wäre, daß sich viele unserer Mitarbeiter mit dem Wirken der Planetenprozesse in den Pflanzen, in der Bodenbildung, im Wettergeschehen, im physiologischen Geschehen in Mensch und Tier vertraut machen würden, so daß aus einer umfassenden Erkenntnis und Erfahrung ein vertieftes Verstehen des Präparatewirkens ertastet werden könnte. Es ist der Wunsch der Herausgeber, daß durch diese Veröffentlichung nicht Veranlassung gegeben werden sollte, die Aussprache über die Herstellung der Düngehilfsmittel und ihre Wirkung über den Kreis der Freunde hinauszutragen, die mit der landwirtschaftlichen Arbeit engstens verbunden sind.

Stuttgart im Juli 1950   *Für die Herausgeber: Hans Heinze*

Vorwort zur zweiten Auflage

Als die erste Auflage dieser Aufsätze im Jahr 1950 erschien, galt in weiten Kreisen die Beachtung von Stern- und Mond-Konstellationen im Land- und Gartenbau noch als Aberglauben oder veraltete «*Weltanschauung*». Es wurden daher die Broschüren nur an Mitglieder des Forschungsringes abgegeben.

Eine solche Beschränkung scheint jetzt nicht mehr nötig, da die Auswirkungen der Beachtung von Mond- und Sternkonstellationen in vieljährigen eigenen Untersuchungen nachgewiesen wurden und auch im «*Institut für Pflanzenbau*» der Universität Gießen bestätigt werden konnten (Maria Thun/Hans Heinze «*Anbau-Versuche über Zusammenhänge zwischen Mondstellungen im Tierkreis und Kulturpflanzen*», Dissertation Ulf Abele «*Vergleichende*

Untersuchungen zum konventionellen und biologisch-dynamischen Pflanzenbau»).

Es darf daher erwartet werden, daß die Darstellungen von Dr. Lievegoed in diesem Heft, die auf Ergebnisse der Geistesforschung Rudolf Steiners und eigenen tastenden Erfahrungen des Verfassers im human-medizinischen Bereich aufbauen, als eine zu erwägende Arbeitshypothese offene Aufnahme finden.

Darmstadt im Oktober 1974   *Hans Heinze*

Planetenwirkungen und Kompostpräparate

In jedem lebendigen Organismus wirken physische, ätherische, astralische und geistige Formkräfte. In der Pflanze wirken die physischen und ätherischen Kräfte von innen heraus, die astralischen um die Pflanze herum und die geistigen aus fernen Sternenweiten, wo die Urbilder der Pflanzen zu finden sind.

Es ist gut, zunächst noch einmal in aller Einfachheit die Wirkungen der verschiedenen Kräftebereiche zu unterscheiden und in ihren Grundprinzipien zu untersuchen. Sprechen wir von einem Organismus – wie die Pflanze einer ist – mit Organen, dann spricht man schon aus, daß außer dem Leben noch ein höheres, organbildendes Prinzip gewirkt hat. Spricht man von der Pflanze im allgemeinen, ohne eine besondere Art zu meinen, dann spricht man von einem Physischen, das von einem Ätherischen durchdrungen ist, so daß es aus dem Bereiche des bloß Physischen herausgehoben ist; daran, daß diese lebendige Substanz sich aber zu Organen, zu einem Organismus zusammengefügt hat, erkennen wir, daß diese lebendige Substanz von einem Astralischen geformt ist.

Nun kann man im allgemeinen sagen, *daß jeder Organismus von seinem Physischen aus als eine Dreiheit erscheint*: bei der Pflanze als Wurzel, Blatt und Samenfrucht (bzw. Blüte).

Von diesem Gesichtspunkte ist diese Dreiteilung zu vergleichen mit der physischen Struktur des Menschen, der in Kopf, Brust und Gliedern erscheint. In diesem dreiteiligen Organismus wirken die ätherischen Bildekräfte so, daß der Lebensäther im Wurzelgebiet (Kopf) wirkt, die Wärme in der Frucht (Glieder). Licht- und chemischer Äther wirken im Blatte (Brust). Die Wirkungen der ätherischen Bildekräfte sind immer allgemeine. Nie kann aus einem bloß ätherischen Eingreifen ein Organismus entstehen. Er entsteht erst, wenn ein Astralisches dem Ätherischen seinen Siegelabdruck gibt.

Das Urbild der physischen Gestalt eines Organismus ist die Dreigliederung, aufgebaut auf der Polarität mit einer Mitte, die die Pole im Rhythmus verbindet. Dieses tritt nur im lebendigen Organismus auf, im toten Organismus findet man nur noch die Gegenüberstellung wie bei den Polen eines Magneten. Der lebendige Organismus aber ist *durchdrungen von einem Ätherischen, das in einer Vierheit erscheint*, wie dies in dem Buche über die ätherischen Bildekräfte von Dr. Guenther Wachsmuth dargestellt ist.

Das astralische Wirkungsprinzip bringt in dieses lebendige Physisch-Ätherische eine strömende Tätigkeit, die sich in ihrer Urbildlichkeit *in einer Siebenheit offenbart*. Die Grundprinzipien des astralischen Wirkens sind die Wirkungsprinzipien der Planetenkräfte.

Diese sieben Wirkungsprinzipien sind noch immer ein Allgemeines; sie neigen nur zu Organbildungen, worin sie sich offenbaren, finden aber in diesen Organen meistens ihren Endpunkt, nachdem sie den ganzen lebendigen Organismus durchströmt haben.

Die geistigen Wirkungsprinzipien, die die Gestalt zu einer bestimmten *Gattung* zusammenfassen, sind in ihrer *Urbild-*

lichkeit nach einer Zwölfheit geordnet, die sich uns im Tierkreis kosmisch offenbart. Erst durch dieses Geistige wird «die Pflanze» zu einer Rose oder einem Salbei, «das Tier» zum Löwen oder Wolf, «der Mensch» zu einer bestimmten Individualität.

In der Pflanze ist der Samen Träger oder Angriffspunkt der geistigen Gattungskräfte. Der Samen entfaltet sich aber nur, wenn er in einer Umgebung ist, wo Physisches, Ätherisches und Astralisches so vorhanden ist, daß diese Kräfte frei strömend ineinandergreifen können. Dieses findet statt, wenn der Samen in einen fruchtbaren Boden gelegt wird. Wir wollen das noch einmal durch einen Vergleich deutlich machen. In eine übersättigte Lösung eines Salzes genügt es, ein kleines Kristall des Salzes hineinzuwerfen, um die ganze Lösung zur Kristallisation zu bringen.

Ein fruchtbarer Boden ist wie eine übersättigte Lösung, alles: Physisches, Ätherisches, Astralisches ist da, um Pflanze werden zu wollen. Es genügt der hineingeworfene Samen, um dies Pflanze-werden-wollen in die Sichtbarkeit schießen zu lassen. *Ein fruchtbarer Boden will schon Pflanze werden* und braucht nur den Anschluß an die Welt der geistigen Urbilder der Pflanzen, um auch Pflanze zu werden.

Unser biologisch-dynamisches Bestreben ist darauf gerichtet, einen Boden zu bereiten, der so weit ist, daß er Pflanze werden will. Dazu müssen im Boden Physisches, Ätherisches und Astralisches in aktiver Art ineinandergreifen und in höchstem Spannungszustand vor-pflanzlich werden.

In der Kompostherstellung sind wir mit diesem Prozesse beschäftigt. Die Grundsubstanzen des Kompost sind verwesendes Pflanzliches und Tierisches. Das bedeutet, daß diese Grundsubstanzen Pflanzen und Tiere *waren*, daß darin nachwirkt Physisches, Ätherisches und Astralisches, das schon einmal durch ein geistiges Urbild zu Organismen zusammengefügt war. Weil es aber verwesende Substanzen sind, hat sich das geistige Urbild zurückgezogen, und Physisches, Ätherisches und Astralisches streben auseinander. Dieses Auseinanderstrebende einzufangen und wieder zu allgemeinem Zusammenwirken zu bringen, so daß es neue geistige Urbilder empfangen kann, ist der Verkompostierungsprozeß. Die Reste der alten Organe (Blätter, Abfall) müssen verschwinden, die ätherischen und astralischen Wirkungsprinzipien aber mit dem Physischen verbunden bleiben.

Darum wird im Komposthaufen ein Prozeß nachgebildet, wovon die Natur uns selber ein Vorbild gibt: Wenn die Raupe sich vollgefressen hat mit grüner Blattsubstanz, dann kommt der Punkt, wo das höhere geistige Schmetterlingsprinzip eingreifen will. Die Raupe spinnt sich ein und macht jetzt vom Kopf bis zum Schwanz einen Abbauprozeß durch, bei dem alle Organformen der Raupe verschwinden und eine Chaotisierung eintritt. Aus dieser chaotischen, allgemeinlebendigen Subsbanz formen sich die neuen Organe des Schmetterlings. Im Komposthaufen vollzieht sich Ähnliches. Der Komposthaufen, wie er fertig daliegt, ist wie eine sich verpuppende Raupe. Es tritt eine Chaotisierung ein wie in der Puppe, und in diesem Zustand, *wenn die Chaotisierung fertig ist, wenn der Kompost reif ist, wird er dem Samenkorn zur Verfügung gestellt.* Wie der Schmetterling aus der Puppe, so tritt die Pflanze aus dem Kompost in Erscheinung.

Es gibt aber einen wesentlichen Unterschied zwischen diesem Vorgang im Tierreich und im Pflanzenreich. Im Tiere ist das Astralische von innen heraus tätig, konzentriert in den sieben Planeten*organen*, von denen aus die sieben astralischen Wirkungen ausstrahlen. In der Pflanze kommt das Astralische von außen heran und durchströmt und durchwirkt die Pflanze von außen her.

Will man den Chaotisierungsprozeß im Komposthaufen so verlaufen lassen, daß in diese physisch-ätherische Substanz das Astralische harmonisch eingreifen kann, dann muß man gewissermaßen *Planetenorgane dem Kompostleib einbilden*, von wo aus die Planetenprozesse den Kompostleib durchstrahlen können und harmonisch durchastralisieren.

Dieses tut man, indem man in den Kompostleib Löcher macht und die Präparate einbringt. Im Folgenden wollen wir besprechen, wie durch das Hineinbringen von den Präparaten 502 bis 507 sechs Planetenwirkungen (drei obersonnige und drei untersonnige) in den Kompostleib eingepflanzt werden. Die siebente, ausgleichende Wirkung wird dann hinzugefügt, nachdem der Kompost in den Boden hineingebracht ist, indem man die Präparate 500 und 501 anwendet.

Es ist wichtig, daß der landwirtschaftlich Arbeitende sich dieses Prozesses bewußt ist, damit er nicht mechanisch oder dogmatisch gewisse Handgriffe vollbringt, deren Sinn er nicht begreift. Allzu leicht werden dann gewisse Handgriffe (wie z.B. das Rühren) nicht mehr sorgfältig durchgeführt oder weggelassen. Versteht man die Wichtigkeit der Handgriffe, dann erwächst wieder der Enthusiasmus, sie sorgfältig durchzuführen.

Der biologisch-dynamisch Arbeitende kann dann aber nicht umhin, sich auch mit physiologischen Prozessen zu beschäftigen, um sein eigenes Gebiet verstehend durchdringen zu können, und hier liegt gerade der Punkt, wo der Arzt und der Landwirt sich die Hände reichen sollten. Der Landwirt kann vom Arzt lernen, wie die Prozesse im höchsten Organismus der Natur, im Menschen, wirken. Der Arzt kann für seine Therapie unendlich viel lernen, indem er die praktischen Handgriffe der biologisch-dynamischen Landwirtschaft kennen und verstehen lernt. Aus diesem Bestreben heraus werden die folgenden Kapitel geschrieben.

Zuerst wollen wir die sieben Planetenprozesse kennenlernen, wie sie im Menschen wirken, soweit dies für das Verstehen der Präparatewirkungen nützlich ist. Dann wollen wir die Präparate besprechen (502 bis 507) und versuchen zu verstehen, wie darin die obersonnigen und untersonnigen Planeten wirksam sind. Schließlich wollen wir dann das Wesen der Präparate 500 und 501 zu verstehen suchen und sehen, ob wir jetzt auch das Rühren dieser Präparate durchschauen können.

Es ist dieses natürlich ein gewagtes Experiment, denn es bedeutet, daß man am Landwirtschaftlichen Kurs weiterarbeitet; doch kann man glauben, daß es im Sinne Rudolf Steiners ist, daß diese Arbeit versucht wird. Sie soll nicht als abgeschlossen betrachtet werden, mehr als ein erster Versuch, der zur Diskussion steht.

Die Planetenprozesse im Kosmos und im Menschen

Die sieben Planetenprozesse werden in folgender Wirkungsreihe dargestellt werden:*

		Im Metallischen:
1. Saturn	⎫	1. Blei
2. Jupiter	⎬ obersonnige	2. Zinn
3. Mars	⎭ Planeten	3. Eisen
4. Sonne		4. Gold
5. Venus	⎫	5. Kupfer
6. Merkur	⎬ untersonnige	6. Quecksilber
7. Mond	⎭ Planeten	7. Silber

Diese Reihenfolge wird gewählt, weil, wenn man die inneren Wirkungen verfolgen will, man sie in drei polare Wirkungen auseinanderlegen kann, wobei jeweils die Sonne als ausgleichende, rhythmische Mitte gesehen werden kann (siehe Schema auf der folgenden Seite).

* Es wird angenommen, daß der Leser über die grundlegenden Arbeiten über den Zusammenhang von Planeten und Metallen im Bilde ist, vor allem auch über die experimentellen Arbeiten von L. Kolisko.

Erste Polarität	1 – 7	Saturn – Mond Sonne als Mitte
Zweite Polarität	2 – 6	Jupiter – Merkur Sonne als Mitte
Dritte Polarität	3 – 5	Mars – Venus Sonne als Mitte
Vierter Prozeß		die Sonne als Mitte an sich.

Diese sieben Planetenprozesse sind sieben qualitative Welten, sieben Qualitäten, sieben Wirkungsprinzipien. Um sie kennen zu lernen, muß man ganz in sie untertauchen, sich in sie hineinleben und ihre *Bewegungsimpulse innerlich mitlebend abtasten lernen.*

Saturn

Als erster Prozeß soll die Saturn-Wirkung beschrieben werden. Saturn ist der fernste Planet von der Erde aus gesehen, wie der Mond der nächste. Beide bilden gewissermaßen Durchgangspforten. Der Saturn von astralen Planetenwirkungen zu geistigen Sternenwirkungen, der Mond von diesen zu den ätherischen, erdnahen Wirkungen.

Dort wo der Geist seinen Siegelabdruck bis in die Substanz hinein geben will, muß der Saturn die Richtung und Inkarnationskraft mitgeben. Von oben herunter wirkt der Saturn, jeden Inkarnationsprozeß begleitend, von der Weltenmitternachtsstunde durch die Pforte der Geburt hindurch in die ersten dreißig Lebensjahre des Menschen hinein. Es ist ein erhabener Prozeß, denn mit Hilfe der Saturnkräfte offenbart sich der Geist bis in die tote Materie hinein.

Im Menschen wirkt der Saturnprozeß so, daß er im Haarwirbel am Hinterkopf einstrahlend bis in die tote Substanz hinein den Menschen zu einem Abbilde seines individuellen, geistigen Ichs machen möchte. Er durchstrahlt den Körper von oben hinten aus und kommt im Skelett zu einem Endpunkte. Damit ist das Skelett ein totes Bild des Ich geworden.Die Erhabenheit des Skelettes ist da, weil es uns dieses Bild vom Ich vor Augen stellt. Würde Saturn allein wirken, der ganze Mensch würde verkalken, er wäre nach 30 Jahren zu einer erhaben schönen Tropfsteinfigur geworden.

Saturn stellt uns als geistiges Wesen in die Raumeswelt hinein. Schon in der ganzen vorgeburtlichen Entwicklung des Menschen wirkt Saturn. Mit Hilfe der Saturnkraft wen-

det sich das menschliche Ich nach der Weltenmitternachtsstunde der Erdenwelt zu und vollbringt den schmerzlichen
Gang zur Inkarnation, immer dichter und dichter wer-
dend. In der Embryonalzeit und in der Kindheit ist es der
Saturn, der aus dem wässrigen Organismus das Skelett
herauskristallisiert. Saturn wirkt differenzierend in der
Wärme, im geistigsten Elemente. Wo Saturn die Wärme
verdünnt, entsteht kristallisierte Substanz (Knochen). Wo
er sie verdichtet, entsteht die Geburtsstätte des Trägers des
Wärmeelementes, des Blutes (Knochenmark). Mitten im
physischen, fast toten Skelett wird das Blut geboren im roten Knochenmark. Dieses rote Blut lebt dann ungefähr drei
Wochen als solches und geht zugrunde in der Milz. So ist
die Milz der Endpunkt des Saturnprozesses und als solcher
dasjenige Saturnorgan, in dem der Saturnprozeß stirbt. So
kennen wir zwei Saturnprozesse im Menschen:

1. den inkarnierenden Saturnprozeß, der zum toten Bilde
im Raume führt. Wir sagen: Durch diesen ersten Saturnprozeß erstirbt der Mensch (das Ich) im Raume.

2. den auferstehenden Saturnprozeß, der dem Ich die
Möglichkeit gibt, im Blute sein Karma im Zeitenlauf zu
vollbringen.

Saturn ist der Planet von Tod und Auferstehung. Das Ich
erscheint im Saturnprozeß zweimal, einmal als Bild im
Raume, als Skelett, ein anderes Mal als Bild in der Zeit,
lebend im Blute und sich darstellend als Biographie.

Fassen wir dies nochmals zusammen, dann kann man es
mit den zwei Zeichen ↓ ↑ andeuten. Saturn führt das
Geistige an das Physische heran, aber bringt da den Tod im
erstarrten Bilde. Saturn führt das Geistige aus dem Physi-

schen heraus im Schicksalsablauf und bringt dadurch die Auferstehung, die Überwindung der Materie durch den Geist. In der Pflanzenwelt werden wir es vorläufig hauptsächlich mit dem ersten inkarnierenden Saturnprozeß zu tun haben. Saturn bringt in der Pflanze das geistige Urbild der Pflanzenart in Erscheinung. Saturn ist der äußerste Planet, er umfaßt das ganze eigentliche Sonnensystem. Aus weitester Ferne, aus dem Umkreise wirkt sein geistiges Herantragen. Seine Wirkung kann er vollziehen, wenn er von allen Seiten umfassend wirken kann, nicht wenn er aus einem Zentrum heraus wirkt. Saturn ist im Präparat 507 tätig, dem Baldrianpräparat, das, den Komposthaufen gleichsam von außen umfassend, das Geistige hereinholt. Dieser Kompost kann im Boden dann gesundend wirken, weil der Boden die Fähigkeit erhält, die geistige Gestalt der Pflanzenart in der Materie voll zum Ausdruck zu bringen.

Mond

Als *zweiter Prozeß*, dem Saturn gegenüberstehend, muß der *Mond* charakterisiert werden. Der Mondenprozeß lebt in allem, wo gewisse Eigenschaften durch die Generationenfolge hindurch wirken. Die Mondenprozesse wirken in der Fortpflanzung und in dem Vererbungsstrom. Der Mond lebt sich aus in der Reproduktion, wo ein neuer Organismus aus einem alten entsteht, dort wo Zelle aus Zelle entsteht; wo sich Zelle an Zelle reiht, immer wachsend, da wirken die Mondenkräfte. Beim Monde ist es die ewige Wiederholung des Gleichen, die Erinnerung an ein früher schon einmal Geschaffenes, die das Ideal der Vererbung ist. Es ist die horizontal über die Erde fortströmende Generationenreihe, die in der Zeit, in dem Nacheinander fortlebt. Überall, wo schwellendes Wachsen ist, wirkt der Mond im einzelnen Organismus im Wachstum durch Zellenteilung, in den verschiedenen Organismen durch die Fortpflanzung.

Wenn im menschlichen Organismus nur die Mondenkräfte wirksam wären, wäre der Mensch eine durch die Welt rollende weiche Eiweißkugel; die Wachstumskräfte würden sich ins Uferlose fortsetzen. Der Mondenprozeß findet aber im Menschen seine Begrenzung in der *Haut*, außerhalb der Haut hört sein Wirken auf. Vorne unten in der Blasengegend einstrahlend, wirkt er in die Fortpflanzungsorgane und durchstrahlt von innen nach außen den ganzen Menschen bis zur Haut.

Wie der Saturnprozeß Träger der individuellen Geisteskräfte ist und im Skelett sichtbar wird, so ist der Mondenprozeß Träger des Gattungsprinzips, der Vererbung, und

wird in der Haut sichtbar. (Man denke daran, wie die Vererbung sich gerade in der Hautfarbe ausdrückt!) Menschen
mit starken Mondenkräften haben eine schöne Haut und
starke sexuelle Anziehungskräfte. Der Filmstar ist das
Ideal des Mondenmenschen. Die Haut als «Monden-
skelett» ist das Bild des Vererbungsmenschen.

Die Mondenprozesse wirken differenzierend in den Lebensprozessen wie die Saturnprozesse in der Wärme. Von
der Haut spaltet sich im embryonalen Leben das Nervensystem ab. Das Nervensystem ist eine nach innen inselartig
verlegte Haut. Diese «innere Haut» ist nun Träger der
zweiten Art von Mondenprozessen, indem sich durch dieses Nervensystem die äußere Welt im Innern spiegelt und
als Bild zum Bewußtsein bringt. Um dieses «tote Spiegeln»
vollbringen zu können, müssen die Lebensprozesse gerade
zurückgedämmt werden, und so erscheint das Gehirn
(eine Hautinsel im Menschen) gerade als das Mondenor-
gan, wo die Mondenkräfte zu einem Endpunkte kommen.
Im Physiologischen drückt sich diese Kraft des Zurück-
stauens der bloßen Lebens-Zellteilungsvorgänge aus in der
Kraft der Differenzierung der Gewebe. Gerade das Nervensystem ist am allerstärksten differenziert – in der Diffe-
renzierungsmöglichkeit wird der Organismus zum Bilde
seines geistigen Urbildes. In der Pflanze hat Goethe diese
Kraft *Steigerung* genannt. Der Mond hat also wieder zwei
Aspekte, einen ersten, wo er wachstumsfördernd in dem
Vererbungs- und Fortpflanzungsstrom gewissermaßen da-
hinströmend in der Zeit, Wesen an Wesen reihend, die ewige Wiederholung des Gleichen wirkt; einen zweiten
Aspekt, wo er das Leben zurückdrängt und nun zum Spiegel wird. Der Mond selber spiegelt uns das Sonnenlicht.
Das Silber ist die Substanz, die wir für unsern Spiegel ver-

wenden, während die Photographie darauf beruht, daß das Silber die Fähigkeit hat, Bilder der Außenwelt zu bewahren.

In der Pflanzenwelt haben wir es wieder vorwiegend mit den Zellteilungs- und Wachstumsvorgängen der Mondenwirkungen zu tun. Diese Mondenwirkungen werden in der Pflanzenwelt durch den Kalk als den Vermittler der untersonnigen Planetenkräfte im wässerigen Milieu übermittelt. Sie werden in der Präparatenreihe vertreten durch das Präparat 505, die Eichenrinde, die fast ganz aus organischem Kalk besteht und die präpariert wird im Tierschädel, da, wo das Gehirn sitzt, und unter Wasser aufbewahrt wird. Von Präparat 505 sagt Rudolf Steiner, daß es gegen die Pflanzenkrankheiten wirkt, indem es das ätherisch Wuchernde dämpft. Man kann auch sagen, indem es den gesunden Mondenwirkungen eine Grenze setzt (eine Haut setzt).

Man sieht, wenn man sich in diese Prozesse einlebt, wie Saturn und Mond ineinander weben, wie der Saturn das Bild des Ichs, des Individuellen, im Raume hinstellt und wie dieses Bildwerden ein Sterben bedeutet, woraus das menschliche Ich aufersteht, indem es sein Bild in die Zeit einschreibt in der Biographie, – wie der Mond das Nichtindividuelle, das Vererbungsprinzip, in den Zeitenstrom stellt und wie das menschliche Ich diesen Generationsstrom überwindet, indem es die Lebensprozesse zurückdrängt und aufwacht im Bilde der Außenwelt.

Saturn 1 ↓
Inkarnation bis zum
Skelett; dadurch der
Tod als Bild im Raume

Saturn 2 ↑
Exkarnation – Überwin-
dung des Todes durch
Auferstehung in der Zeit
(Biographie)

Mond 1
Reproduktion –
Wiederholung *dahin-
strömend in der Zeit*

Mond 2
Zurückdrängen der
Reproduktionsprozesse;
dadurch *Differenzierung
der Gewebe, Steigerung,
Spiegelbildbewußtsein im
Raum*

Saturn und Mond durchweben zusammen die Geheimnisse von Raum und Zeit, von Tod und Auferstehung,
von Mitschwimmen im Zeitenstrom und Aufwachen im
Bewußtsein.
Jetzt wollen wir Jupiter und Merkur besprechen.

Jupiter

Jupiter ist in seinem ersten Wirken der große Plastiker der Welt. Wenn Saturn in erhabenen Formen ein nacktes Bild vom Geiste schafft im Skelett, so plastiziert Jupiter um dieses Skelett herum die halbweichen Formen in fließender Schönheit. Diese Jupiterformen sind Ausdruck vom Menschen als Seele. Die plastischen Jupiterformen wirken von oben herein abrundend, von der Stirne aus immer die Himmelswölbung nachschaffend. Alle inneren Organe sind oben abgerundet, manchmal aber unten ausgehöhlt, weil die Wölbung des unterhalb liegenden Organes sich darin abdrückt. Gelenkköpfe sitzen am oberen Ende des Knochens, Gelenkhöhlen am unteren Ende. Von der Stirne aus strahlt die Jupiterkraft herein, den Wunderbau des Gehirns in der Kindheit plastizierend, später die Gedanken formend; besonders die Gedanken, die ordnend die großen Zusammenhänge der Welt hinstellen; dann wieder tiefer hinein in den Körper Organe und Muskeln ausgestaltend.

Jupiter plastiziert innere Organe und Körperoberfläche in Schönheit, aber zugleich mit übermenschlicher kosmischer Gebärde. Wenn Jupiter allein wirken würde, wären wir mit 14 Jahren zu wunderschönen griechischen Plastiken geworden, die in Haltung und Gebärde Ausdruck eines reinen Seelischen wären. Wir wären alle Apollostatuen. Denn die plastische Kraft des Jupiter trägt zugleich eine erhabene, ordnende Weisheit in sich. Im Herausplastizieren aus dem Wässrigen tritt diese Weisheit in dem Wunderbau unserer Organe in Erscheinung. Aber auch diese weisheitsvolle Plastik müßte, zu Ende geführt, zu einer allgemeinen Erstarrung führen.

Das menschliche Ich entreißt sich dieser Erstarrung in der Bewegung, in der Gebärde, in der Geste. Die Geste ist plastischer Ausdruck der Seele im Bewegungselement. Dieser Bewegung dienen die Muskeln, deren Formen gerade der Oberfläche des Menschen ihre Schönheit geben, die aber in ihrem inneren Spiel von Festwerden und wieder Weichwerden, von Quellen und Entquellen ein chemisches Spiel vollführen, das in seiner inneren Chemie innigst mit der Leber zusammenhängt. (Die Muskelzusammenziehung entsteht durch chemische Veränderung der Oberflächenspannungen, und überall, wo diese auftreten, auch in der Pflanze, wirken Jupiterkräfte.) So kommt die Jupitertätigkeit in der Leber zu einem Endpunkte, dem einzigen Organ im Menschen, das sich in seiner äußeren Form und inneren chaotischen Struktur nicht von den weisheitsvoll plastizierenden Kräften des Jupiter durchdringen läßt, das dafür dann aber seine chemische Tätigkeit vollzieht.

In der Pflanze haben wir es in erster Linie mit den formenden, plastizierenden Kräften des Jupiter zu tun, erst in zweiter Linie mit den Oberflächenspannungen, wo Jupiter und Merkur zusammen den Saftstrom regulieren.

In der Präparatereihe wird Jupiter durch Präparat 506 vertreten, das Löwenzahnpräparat. Die formenden Jupiterkräfte werden in der Pflanze durch den Kiesel vermittelt, der im Mineralischen der Träger der kosmischen Formkräfte der obersonnigen Planeten ist. Das Präparat 506, sagt Rudolf Steiner, vermittelt zwischen kosmischen Kieselkräften und Kieselkräften in der Umgebung der Pflanze. Es macht gesunde, dauerhafte Pflanzen.

Merkur

Dem Jupiter gegenüber steht der Merkur in seinen Wirkungen. Wo Jupiter kosmische Ordnung bringt, bewirkt Merkur Chaos, kein gewöhnliches Chaos, sondern ein solches, das man ein sensibles Chaos nennen könnte. Eine Bewegung ohne Richtung, aber bereit, in alles hineinzuströmen, was sich von außen her ergibt. Merkur ist strömende Bewegung, sich jedem Widerstand anpassend, diesen links oder rechts umfließend, gerade wie es geht, ohne Eigentendenz, nur immer in Bewegung bleibend. Bewegung, Strömung ist das einzige, was der Merkur nie aufgibt. Wie die Bewegung geht, wie die Strömung läuft, hängt von äußeren Umständen ab. Merkur paßt sich an, aber er strömt. Deshalb wird er im Menschen in einem Strömungsgebiet wirksam, wo es keine festen Wege gibt: in der Lymphströmung und in den Lymphgefäßen. Die Blutgefäße haben ihren festen Lauf, die Lymphgefäße bewegen sich, wie es gerade geht, wenn sie nur ihr nächstes Ziel, die Lymphdrüse, erreichen.

Jupiter schafft symmetrisch nach hohen kosmischen Gesetzen, Merkur neigt zum Asymmetrischen, Schiefen. Alles Schiefe im Gesicht, in der Gestalt, in der Pflanze rührt daher, daß der Merkur dem Jupiter ins Spiel gepfuscht hat. Er ist ein Schalk, der Merkur. Aufgelegt zu Witzen, zu Humor, er freut sich, wenn die erhabenen Götterpläne gerade nicht so gelingen, wie sie geplant waren, und daß dadurch diese Götter nie fertig werden und alles im Flusse bleibt.

Ein Freund sagte mir einmal: Jupiter und Merkur werden sichtbar im Bilde vom Könige mit seinem Narren. Der König auf seinem Thron ordnet alles weisheitsvoll an, sein

Gewand ist symmetrisch. Am Fuße seines Thrones sitzt der Narr, seine Kleidung ist unsymmetrisch, halb gelb, halb rot, wie es auskommt, und zu den erhabenen Worten des Königs macht er seine Bemerkungen und zeigt, daß es in der Welt manchmal anders kommt, als man denkt. Merkur ist der große Realist, er kann sich an Hitze und an Kälte anpassen, an Sonne und an Schatten, unter allen Umständen sorgt er dafür, daß das Leben weitergeht und die Pflanze weiterwächst. Wenn es sein muß, kann er sogar unehrlich werden und die Pflanze zum Schmarotzertum verleiten. Die Griechen machten den schnellfüßigen Merkur zum Gotte für die Kaufleute und für die Diebe. Beide sorgen dafür, daß die irdischen Güter sich nicht an einer Stelle ansammeln, sondern im Flusse bleiben.

Dieses innere Anpassen würde zuletzt aber zu einer absoluten Charakterlosigkeit führen, und das Ich entzieht sich dieser, indem es in der Bewegung anderen Bewegungen begegnet. Was geschieht, wenn zwei Ströme sich begegnen und sich mischen? Es entstehen Wirbel und leere Stellen, die im Flusse die Sandbänke formen. So kann man in der Merkurbegegnung ein zweites organformendes Prinzip erkennen. Die Organe, die aus den sich begegnenden, fließenden Bewegungen entstehen, sind anders geformt als die, welche von hohen Vorbildern auf der Erde abgedrückt werden.

Gerade in der Pflanzenwelt kann man das Zusammenspiel zwischen diesen beiden Formprinzipien sehen. Pflückt man ein Buchenblatt und ein Eichenblatt, dann kann man das Buchenblatt als solches erkennen. Pflückt man aber vom selben Baum hundert Buchenblätter, dann sind keine zwei gleich, dann sieht man die unendliche Variabilität innerhalb der gegebenen Form, dann sieht man die Wirkung des Merkur. Jedes Begegnen von zwei tätigen Kräften ist aber ein Heilen. Ein wirkliches Heilen findet nur statt, wenn die eine Wirksamkeit (der menschliche Körper oder die Pflanze) die andere Wirksamkeit in sich aufnehmen kann und zu einem neuen Wirksamen machen kann.

Merkur wirkt im Präparat 503, der Kamille, die das Pflanzenwachstum durch das Kalium und das Kalzium anregt. Die Bearbeitung des Präparates im Darme erhöht die Merkurtätigkeit; darüber später.

Auch hier weben Jupiter und Merkur ineinander. Die vorgeschriebene weisheitsvolle Form der Organe findet in der strömenden Merkurbegegnung ihre einmalige, an bestimmte Umstände angepaßte Abwandlung. Die chemische Quellung und Entquellung gibt der strömenden Bewegung des Merkur (durch die Oberflächenspannungen) eine Richtung. In diesem Spiel sind alle Probleme des Turgors (Spannungszustand des Gewebes) zu finden.

Jupiter kommt in seiner plastischen Tätigkeit im Muskelmenschen zu einem Endpunkt, dann schlägt die Tätigkeit in den Chemismus hinein und überwindet im Bewegen die plastische Erstarrung. Im weisheitsvollen chemischen Tätigsein saugt die Muskelbewegungstendenz an der Leber, wo Jupiter zu einem chemischen Endpunkt kommt. (Dieses im Gegensatz zu der üblichen Auffassung, daß die Leber die Substanzen zum Muskel hinschickt; von diesem Gesichtspunkt aus begreift man, daß der Muskel die Substanzen aus der Leber herausholt.) Merkur kommt in seiner Flüssigkeitsströmung, die im Gewebe regellos stattfindet, zu einer allmählichen Zusammenfassung der strömenden Gewebeflüssigkeit in den Lymphgefäßen und zu einem Endpunkte in der Drüsentätigkeit. Die Drüsen als

Endpunkt des Flüssigkeitsstromes sind die Stelle, wo der Flüssigkeitsstrom den Organismus verläßt. Flüssigkeit durchströmt den ganzen Organismus, außer in dem eingestülpten Luftsack, den wir Lunge nennen. Die Lunge ist eine Drüse, aber eine negative Drüse, indem sie eine Aussparung im Flüssigkeitsmenschen ist.

Leber und Lunge sind Endpunkte der Jupiter- und Merkurtätigkeit und sind dadurch die Jupiter- und Merkurorgane.

Jupiter 1
abrundende Plastik,
führend zur erstarrten
Seelenform

Jupiter 2
Bewegung als Gebärde,
geformte Bewegung
durch chemisches
Oberflächenwirken

Merkur 1
strömende Bewegung,
führend zur Aufhebung
jeder Eigenform

Merkur 2
Bewegung als Heilung,
Plastik aus sich begegnender Bewegung

Mars

Jetzt wollen wir die Wirkungen von Mars und Venus beschreiben. Mars, der letzte obersonnige Planet, ist der Träger der schaffenden, aber gezielten Bewegung; er ist die Kraft, mit der das geistige Urbildprinzip der Pflanze durchstößt in das Irdische hinein, aber dann auch dieses wieder in die Welt hinausstößt. Überall, wo in der Vegetationsspitze die Pflanze in den Raum hineinstößt, sich den Raum erobert, wirkt Mars. Er ist die Kraft, durch die eine innere Aktivität in die Welt hineingetragen wird, zielbewußt diese Welt erobernd und das innere Wesen offenbarend. Ohne Mars würde keine Pflanze da sein. Jedes Aufsprießen und Sprossen im Frühjahr ist ein Erobern des Raumes durch die Marskräfte. Man imaginiert sich die Marskräfte am besten, wenn man sich den Speerwerfer vorstellt im Momente, wo er den Speer schleudert und diesen gerade loslassen will. Diese auf das Ziel konzentrierte Kraft, die dann auftritt, das ist reiner Mars.

Die Marskräfte strahlen beim Menschen zwischen die Schulterblätter ein und durchkraften im Eisenprozeß des Blutes den Menschen. Einerseits strahlen sie hinunter in das Blut hinein, andrerseits hinauf in den Sprachprozeß; die Kraft, mit der in der hinausströmenden Luft das Wort geformt wird, ist wiederum Marskraft. Der Marsmensch, also der Mensch, in dem Marskräfte einseitig wirksam sind, ist in einer fortwährenden äußeren Aktivität, er erschöpft sich aber im Schaffen und kann das Geschaffene nicht bewahren, da er nicht verträgt, daß etwas fertig ist und er das Geschaffene nicht zu pflegen versteht. Lieber als es zu hegen, vernichtet der Marsmensch das Geschaffene und baut etwas Neues auf. So wird der Marsmensch in ewigem Schaffensdrang mitgerissen, und ein Aufhalten dieses Dranges bringt ihn in aufbrausenden Zorn.

Das Ich, das sich diesem Mitgerissenwerden im Tätigkeitsdrange widersetzen will, muß dem Marsprozeß einen kräftigen Widerstand entgegenstellen, denn Mars läßt sich durch sanfte Maßnahmen nicht bezwingen. Dieser Prozeß des Widerstandsetzens führt zu einer Stauung der gezielten Kraft, und da geschieht dann etwas, was vielleicht erstaunen kann: Wenn die Marskraft gestaut wird, beginnt die Welt zu tönen.

Denken wir wiederum an den Speerwerfer: Da saust der Speer durch die Luft, und die gezielte Kraft wird gestaut, indem der Speer sich in eine Eiche oder in einen Schild hineinbohrt. In diesem Moment des Aufhaltens der gezielten Kraft klingt der Speer auf.

Man kann dasselbe an einer angestrichenen Saite studieren. Die Kraft, mit der der Bogen geführt wird, wird durch den Widerstand der gespannten Seite gestaut. Indem Kraft und Widerstand miteinander ringen, tönt die Saite. Oder dasselbe an einer angestrichenen Metallplatte beobachtet: Streut man noch Sand auf die Metallplatte, dann entstehen die Klangfiguren, die anzeigen, wie die Substanz sich dann nach Klangprinzipien ordnet. Diesem Ordnungsprinzip begegnet man in der Chemie wieder. Die Ordnung der Substanzen in den chemischen und organischen Verbindungen geht nach diesen musikalischen Gesetzen vor sich. Jeder Ton hat seine eigene Klangfigur. Indem in die Ätherwelt durch die höheren Hierarchien hineingesprochen wird, entstehen aus den kosmischen Harmonien auf der Erde die nach den Elementen geordneten Substanzen. Dieses kosmische Klingen geht von der Marssphäre aus und

wird der Erde durch den chemischen oder Klangäther vermittelt. Im tierischen und menschlichen Organismus wirkt
der Mars von innen her im Astralleibe ebenso substanzord-
nend und -formend, im pflanzlichen Organismus ist es der
kosmische Mars.

Die in dem eisenhaltigen Blute, im Hämoglobin, wirkenden Eisenkräfte kommen in der Leber zu einem Endpunkte. Da entsteht aus dem Blutfarbstoffe, dem roten Hämoglobin, die eisenfreie, grüngelbe Galle. Das Bilirubin ist
identisch mit eisenfreiem Hämoglobin; im Entstehen von
Bilirubin wird das Eisen zurückgehalten, es schießt nicht
mit hinein in die Galle. Aus diesem Zurückhalten, Stauen
entstehen dann in der Leber als «Klangfiguren» die struk-
turellen Kräfte für die Eiweißbildung, die für den Aufbau
des Menschen nötig ist. Der Eiweißaufbau in der Leber ist
ein tönender Klangprozeß, in dem die Substanzen

C   H   O   N   S   P

in Klangfiguren geordnet werden. Treibende Kraft ist dabei
die gestaute Marstätigkeit. In der Pflanze ist dieser Prozeß
mehr verborgen, aber auch dort spielt Mars einmal bei dem
Hinauswachsen und zum anderen bei der Eiweißbildung
eine Rolle.

Die Marskraft tritt in dem Kompostpräparat 504, der
Brennessel, besonders in Erscheinung. Dieses wirkt so, daß
es die Eisenstrahlung im Boden harmonisiert und der
Pflanze wirkliche Nährkraft gibt, was mit einem gesunden
Eiweiß-Bildungsprozeß zusammenhängt. Auch der Stärke-
aufbau findet statt, indem jedes Stärkekorn mit einer feinen Eiweißhülle umgeben ist. Dieses soll später wieder
ausführlicher behandelt werden.

Venus

Den aktiven Marsprozessen stehen die ganz im Verborgenen waltenden Venusprozesse gegenüber. Will man Venus innerlich verstehen, dann muß man ganz still werden und lauschen lernen. Venus hängt mit der tieferen Ernährung (Zelle), mit den tiefsten Aufbaukräften zusammen, wo die angebotenen Substanzen in die Lebensprozesse aufgenommen werden und ihre Wirksamkeiten entfalten können, indem sie sich von einem höheren Wirkungsprinzip aufnehmen lassen. Venus hängt zusammen mit einer Milieubildung, mit dem Freimachen eines Platzes, an dem anderes sich dann entfalten kann. Man kann diesem milieubildenden Element ab und zu in Häusern begegnen, in denen eine stille, bescheidene, aber innerlich bedeutende Frau waltet. Da begegnen sich Menschen, da tauscht man sich aus, da waltet eine stille Wärme, die bewirkt, daß der Schüchterne sich ausspricht. Und frägt man, weshalb diese Geselligkeit, dieses Befruchtende, gerade in diesem Hause da ist, dann muß man feststellen, daß es die bescheidene Gestalt im Hintergrunde war, die im richtigen Moment den Kaffee brachte und sich wieder schnell zurückzog. Die Fähigkeit der Venus ist es, Platz zu schaffen, damit etwas anderes sich offenbaren kann. Wie Mars mit dem Sprechen, so hängt Venus mit dem Lauschen zusammen. «Köstlicher als das Licht» nennt Goethe «das Gespräch». Denn das Gespräch ist die Harmonie zwischen Mars und Venus, in dem der eine Partner der sprechende Mars ist, der andere die lauschende Venus, um dann die Rollen zu vertauschen. Wo Mars und Venus sich wirklich begegnen, da entsteht ein neues Drittes, da kann auch ein Drittes anwesend sein.

Ganz Venus werden, ganz Schale werden, um ein Höheres zu empfangen, führt zu einer absoluten Entselbstung; das Ich könnte in der absoluten Venushaltung nicht weiter existieren. Der Prozeß muß in sein Gegenteil wieder umschlagen. So überwindet das Ich den Aufbauprozeß, indem es die durch die Lebensprozesse hindurchgegangenen Prozesse wieder absaugt. Dazu dient das Nieren-Blasensystem. Die Abbau- und Ausscheidungsprozesse wirken saugend von der Niere und Blase aus bis in die letzte lebende Zelle. In der Niere, dem Venusorgan, kommt dann dieser Venusprozeß zum Endpunkte. Wenn in der Niere Ätherkraft und Substanz getrennt werden, wird die tote Substanz ausgeschieden, die Ätherkräfte strahlen auf bis in das Auge hinein und geben die Kraft des Hinausgehens im Sehakt. Gerade die Pathologie kennt den geheimen Zusammenhang zwischen Niere und Auge.

Wunderbar ist das Zusammenwirken von Mars und Venus im lebendigen Organismus. Das durch die Marskraft im Leben geformte Eiweiß ernährt auf dem Venuswege die Zellen, der zu Ende gekommene Venusprozeß läßt in der Niere die Nierenstrahlung entstehen, die nach oben hin sich mit der Marszielkraft vereinigt und in der Sehkraft der Augen wieder bemerkbar wird. Denn die Kraft, womit sich das Auge in die Welt hinausrichtet, stammt von der Nierenstrahlung. Ein schönes Bild von Mars und Venus steht uns vor Augen im Musikinstrumente, z.B. in der Geige. Der Bogen ist gezielte Bewegung, die Saite staut diese Bewegung und tönt auf. Qualität bekommt der Ton aber erst durch den Klangboden des Musikinstrumentes, der ein Milieu schafft, worin der klingende Ton leben kann und jetzt erst als lebende Tonqualität geboren wird.

So ist es auch bei der wachsenden Pflanze, wo hauptsächlich die beiden ersten Aktivitäten von Mars und Venus zum Ausdruck kommen. Die nach außen gezielte Kraft der Vegetationsspitze wird durch die ernährende Venuskraft umhüllt und ausgefüllt, und erst durch beide zusammen wächst der Trieb. So wirken hier Schaffen und Stauung, Aufbau und Ausscheidung innig ineinander, indem z.B. die gestaute Kraft des wachsenden Triebes die Eiweißbildung möglich macht und die Ausscheidungskraft der Venus sich in der Rinde und deren Ablagerungen auslebt.

Die Venuswirkung tritt besonders zum Vorschein in Präparat 502, der Schafgarbe (Achillea millefolium). Die Schafgarbe, präpariert in der Blase (Endpunkt des saugenden Nierenprozesses) des Hirsches, wodurch die Verbindung mit dem Venusbereich noch verstärkt wird, wirkt belebend, erfrischend, Raubbau ausbessernd, kosmische Stoffmengen auffangend. Besonders die Kaliprozesse in der Pflanze werden aktiviert.

Mars 1
Gezielte Bewegung
Hinauswachsen in den
Raum

Mars 2
Klang durch Stauung
der Bewegung, *eiweiß-
formende Kraft*
substanzformend

Venus 1
Pflegende *Ernährung*
Milieubildung, Schale
für etwas Höheres

Venus 2
Ausscheidung, Trennung
von Substanz und
Ätherkräften

Die Sonnenwirkungen

Im Mittelpunkt dieser drei polarischen Prozesse steht der Sonnenprozeß. Überall wo Saturn und Mond, Jupiter und Merkur, Mars und Venus im Gleichgewichte sind, und zwar nicht in einem toten Gleichgewichte, sondern in einem lebendigen Ineinanderspielen, da ist schon Sonnenwirkung vorhanden. Das Urbild der Sonnenwirkungen ist die Diastole und die Systole, das Sichausbreiten im Raume und Sichzusammenziehen im Punkte. Aber dieses Ausdehnen und Zusammenziehen ist kein geradliniger Prozeß, sondern ein spiraliger. Das Streben vom Mittelpunkte zur Peripherie findet in immer größer werdendem Bogen statt, wobei von Anfang an die Orientierung auf die unendliche Peripherie da ist. Dagegen wird bei der Zusammenziehung vom Umkreis aus in immer kleiner werdenden Bogen zum Zentrum hineingestrebt, wobei von Anfang an das Zentrum als Orientierungspunkt auftritt. Diejenigen Leser, die Eurythmie gemacht haben, werden verstehen, was hier mit dieser Orientierung gemeint ist.

So ist die Sonne in ihrer Wirksamkeit zweifach: einmal alles zusammenfassend, zum Zentrum führend, zum andern alles hinausziehend zur unendlichen Weite. Wir können diesen Vorgang auch «Wintersonne» und «Sommersonne» nennen oder «Nachtsonne» und «Tagessonne». Bei der Herstellung der Präparate spielt es eine große Rolle, ob man sie dem Prozeß der «Wintersonne» oder «Sommersonne» aussetzt. Ohne diese doppelte Sonnenwirkung zu verstehen, führt man diese Handgriffe automatisch aus. Der große Sonnenatem oder Sonnenherzschlag geht durch alle ober- und untersonnigen Planetenwirkungen hindurch und bringt sie zu ewigdauerndem rhythmischen Ineinanderspiel. In diesem Rhythmus mitzuschwingen und seine Handgriffe nach diesem Rhythmus den Lebensprozessen der Pflanzen gemäß auszuführen, ist die Aufgabe des biologisch-dynamisch arbeitenden Landwirtes.

Wunderbar wird dieser Sonnenrhythmus in dem menschlichen Kreislauf sichtbar, wenn das Blut vom Herzen aus in die unendliche Peripherie der kleinsten Haargefäße sich versprüht. Da verläßt es das Herz in einem großen Bogen, von wo aus es in die Peripherie strömt. Kehrt es aus dem Umkreis zurück, dann fließt es zuerst langsam, dann immer schneller dem Herzen zu, um schließlich in einem Wirbel in die rechte Vorkammer hineinzustrudeln. Einmal verdichtet der Sonnenrhythmus den Kosmos zur Substanz, dann wieder wandelt er die Substanz zu kosmischer Qualität. Die beiden Präparate, mit denen man diese beiden Sonnenwirkungen je nach Bedarf handhaben kann, sind die Kuhhornpräparate 500 und 501. Das eine Mal ist es der Horn-Dung, welcher der Wintersonne ausgesetzt wird, das andre Mal der Horn-Kiesel, der der Sommersonne ausgesetzt wird. Beide Präparate werden vor dem Gebrauch gerührt, wobei man rhythmisch hinein und hinausrührt, bis jedesmal der Strudel bis zum Boden des Gefäßes geht. Mit diesem Rühren unterwirft man diese Sonnenpräparate einer rhythmischen, spiraligen Sonnenatembewegung und bringt damit die durch das Kuhhorn gebannte und konservierte Sommer- und Wintersonnenkraft in aktive Tätigkeit.

Die Pflanze ist im Grunde genommen ein Erden-Sonnenwesen. Die Präparate 500 und 501 sind deshalb so wichtig. Nachdem der Erde Kompost zugefügt ist, worin in harmonischer Weise die Planetenkräfte wirken, wird dieses alles durch die Sonnenatmung in Bewegung gesetzt, deshalb werden die Präparate 500 und 501 im letzten Momente vor der Aussaat bzw. während des Wachstums angewandt, und zwar so, daß sich das eine Mal die Kräfte zum Irdischen zusammenballen und dadurch zum Keimen und Wachsen führen, das andere Mal die Substanzkräfte sich für den Kosmos öffnen und dadurch die Qualität, das Aroma erzeugen:

«Dieses bedrängt, jenes erfrischt,
So wunderbar ist das Leben gemischt.»

Die Planetenwirkungen zusammenfassend, kann man sagen:

Saturn 1   Aus kosmischen Weiten wirkt das Geistige herein und verdichtet sich bis zum Siegelabdruck im Physischen, ein Prozeß, der bis zur Kristallisation führt.

Jupiter 1   Abrundend umspielen die Jupiterkräfte in plastischer Schönheit diese strengen Geistformen und schaffen nach hohen, großen Vorbildern.

Mars 1   Mit Kraft wird das Erschaffene in die Raumeswelt hineingestellt und wird jetzt wachsend sichtbar.

Diese drei sind zusammen die Inkarnation eines lebendigen Organismus. Ohne Rücksicht auf die irdischen Verhältnisse möchten die großen Urbilder sich auf diesem Wege in die Welt hineinstellen. Die Welt aber antwortet und empfängt und pflegt das von oben Kommende liebevoll in einem Gegenstrom, der von unten hinaufgeht.

Venus 1   öffnet die ätherischen Bildekräfte zu einer Schale und ernährt, was Mars hinausstößt in den Raum.

Merkur 1   bringt die halbflüssige Lebenswelt in strömende Bewegung, paßt sich den zufälligen irdischen Verhältnissen an und wandelt die starren Jupiterformen ab in mögliche Formen, die an die Verhältnisse angepaßt sind.

Mond 1   besorgt durch die Reproduktion im Kleinen (Zellteilung) wie im Großen (Fortpflanzung) ein kleines und großes Chaos, worein die Saturnkräfte ihre Siegelabdrücke geben können und wo in jeder Zelle das geistige Urbild neu aufgenommen werden kann.

Zusammen ergeben die unter 1 genannten obersonnigen und untersonnigen Planetenkräfte Geburt und Wachsen eines Organismus. Die treibende Kraft, wodurch diese Planetenkräfte in innige Zusammenarbeit kommen, ist die systolische, zusammenziehende Kraft der Sonne, die aus weiter Peripherie her durch alle Planetensphären wirbelt und in das Irdische hineinführt. Es ist der vorgeburtliche Weg des Menschen und das Frühjahr und der Sommer der Pflanzen.

Es gibt aber nicht nur ein Wachsen und Gedeihen im Kosmos, sondern auch ein Welken und Absterben. Da werden diese Kräfte jetzt auseinandergeführt durch die diastolische weitende Sonnenkraft; es ist dieses der nachtodliche Weg des Menschen durch die Planetensphären und der Herbst und Winter für die Pflanzen.

Dieses Sterben im Großen gesehen ist zeitlich bedingt, findet aber im Kleinen fortwährend im Wachsen statt, denn die eine Zelle, das eine Organ, muß sterben, um ein Neues, ein Anderes wachsen zu lassen. Leben ist ein fortwährendes Stirb und Werde. Ja, die hemmenden Kräfte sind für die Gesundheit eines Organismus von ebenso großem Wert wie die fördernden. Besonders bei den Pflanzen ist es so, daß die Pflanzenkrankheiten durch ein Wuchern der Aufbaukräfte entstehen, wodurch fremde Organismen ein parasitäres Leben führen können. Die Organisation der Abbauprozesse kann man verstehen, wenn man die unter 2 genannten Prozesse der Planeten zusammenschauen lernt. Dafür müssen wir sie noch etwas anders beschreiben als vorher; da geschah es mehr vom Menschen aus, jetzt wollen wir uns konzentrieren auf die Pflanze.

Mond 2   haben wir beschrieben als den Prozeß, wo die in die Zeit fortwirkende Generationsströmung zurückgeworfen wird aus der Raumeswelt in die Zeit, ein Spiegelungsprozeß, wo das Vergangene als Bild im Bewußtsein erscheinen kann. Für die Pflanze ist der Mondprozeß 2 dasjenige, was Goethe die Steigerung genannt hat, ein Hemmen der Wachstumskräfte, wodurch diese von Stufe zu Stufe feiner und mehr gestaltet werden, vom Keimblatt über das Blatt zur Blütenkrone hin. Diese Kraft wirkt den ungehemmten Wachstumskräften entgegen, die *ein Blatt* zur Riesengröße entfalten möchten. Statt dessen tritt eine stufenweise Verfeinerung auf mit Einschränkung der Raumesgestalt, aber zugleich ein *Stärkerwerden des Bildwesens der Pflanze*, die in der Blüte bildhaft ihrem geistigen Wesen entsprechend erscheint.

Merkur 2   haben wir beschrieben als Gestaltungskraft durch Begegnung von strömenden Bewegungen. Da spart sich dann etwas Totes aus, das aus dem Lebensstrom herausfällt. Da kann sich dann eine Form bilden, die als *Stützorgan* dient (Vorbild: Holzbildung aus dem lebendigen Kambium, auch die Nervatur der Blätter).

Venus 2   ist sehr eng damit verbunden; wir haben diese Kraft beschrieben als Ausscheidung. Venus 2 ergreift alles, was in dem Zurückdrängen der Lebenskräfte an verhärtender Substanzbildung entsteht, was aus dem Lebensstrome herausfällt, und bringt es zur Ausscheidung in den Zelluloseansätzen der Jahresringe der Hölzer. Die Salze der Rinde werden ausgeschieden, z.B. das Kalium in der Birkenrinde.

Mars 2   ist als gestauter Klangprozeß beschrieben worden, der in der Anordnung der Materie in der Eiweißsubstanz sichtbar wird. Ein lebendiger, substanzordnender Prozeß. Diese Ordnung kommt aber erst in den sterbenden Substanzen zur Ruhe; das vollebendige, junge Eiweiß ist ein wirbelnder chaotischer Prozeß, das sterbende Eiweiß erst hat seine chemische Strukturformel erhalten. Die einmal geformten Substanzen werden immer starrer und nehmen dann ihre festere Substanzanordnung an. Schon sofort nach Johanni fangen diese Kräfte in der Pflanze immer mehr an stärker zu werden. Die Blätter werden härter und dunkler, die neue Knospe für das nächste Jahr schließt ihre Entwicklung ab und wartet auf einen neuen Schub der Inkarnationsströmung. Im Gelbwerden der Blätter siegt diese Kraft über die Lebenskräfte, und die Pflanze kann der Erde im dürren Laub nur noch die im Siegelabdruck geformten Substanzen übergeben. Im Fester- und Toterwerden der Substanzen werden diese auch dauerhaft, und deshalb gehören in diese Strömung auch alle die Prozesse hinein, die die Pflanze zur Nährpflanze machen. Aus dem lebendigen, flüssigen Zuckerstrom in den Blättern wird die Stärke im Samenkorn abgelagert oder im Stengel (Kartoffel) oder als Rohrzucker dauerhaft gemacht. Alle diese Prozesse sind chemisch gesehen ein Erdenschwererwerden, eine Verdichtung und Konservierung. Sie nehmen nicht mehr an den weiteren Aufbauprozessen teil, sondern werden für künftige Aufbauprozesse gespart. Dann muß aber die Stärke wiederum in lebendigen Zuckerstrom zurückverwandelt werden.

Jupiter 2   ist beschrieben worden als Chemismus, der dem Bewegen im Menschen durch den Muskel dient. Dieser Muskelchemismus ist aber, insoweit er der Bewegung dient, immer ein abbauender Chemismus. Es werden Substanzen abgebaut, gespalten und vernichtet, um eine Säuerung des *Milieus* hervorzurufen. In der Ruhepause werden diese dann wieder aufgebaut. Für die Pflanze ist diese Jupiterwirksamkeit alles dasjenige, was abbauender Chemismus ist. Alles Aromatische in Blüte und Frucht ist durch diese feinere Jupiterbildungskraft entstanden. Das Aromatische ist aber immer ein dem Lebensprozeß Entgegengerichtetes. Aus dem Zucker entstehen die Glucoide; aus dem Kohlenwasserstoff die «ätherischen Öle», die keine Öle sind; aus dem Eiweißabbau entstehen die Alkaloide. Alle diese Substanzen geben der Blüte und besonders der Frucht und dem Samen das Aroma und die pharmakologische Wirkung. (Man erinnert sich in diesem Zusammenhang an das sogenannte ABC der Beurteilung des Pflanzenwachstums aus dem 2. Vortrag des Landwirtschaftlichen Kurses: Was ist an einer Pflanze kosmisch, was terrestrisch-irdisch? Wie kann man das Kosmische dichter machen und es dadurch (Systole-Strom) mehr an Wurzel und Blatt halten (Nährpflanze). Wie kann man es «dünner» machen (Diastole-Strom), so daß es in seiner «Dünnheit» hinaufgezogen wird bis in die Blüten und diese färbt oder bis in die Fruchtbildung und diese mit einem feinen Geschmack durchzieht? «Im Apfel essen Sie den Jupiter, in der Pflaume essen Sie den Saturn» (2. Vortrag).

Saturn 2   ist beschrieben worden als Auferstehung aus der Welt des Raumes in die Welt der Zeit hinein. Für die Pflanze ist dieses die *Samenbildung*. Die ganze Pflanze verschwindet praktisch aus der Raumeswelt und stellt nur noch einen Punkt dar, der sich dem Zeitenstrome übergibt. Dieses Zusammenziehen kann so weit gehen, daß es das normale Maß überschreitet und auch das Eiweiß sich zusammenzieht auf Kohlenstoff und Stickstoff und Wasserstoff und Sauer-Cyan. Dieses ist ein zu starkes Saturn-2-Wirken. «In der Pflaume essen Sie tatsächlich den Saturn.» Die Pflaume ist mit einem leisen Cyanduft durchzogen, wie auch die bittere Mandel, der Pfirsich und die Aprikose.

In ein Schema alles zusammenfassend, kann man nebenstehendes Bild darstellen.

Zu diesem Schema ist noch folgendes zu sagen: Die systolische Sommersonnenwirkung regt die 1. Planetenkräfte an herunterzuwirken. Diese sind der unsichtbare «Kräfteleib» der Pflanze, dasjenige, was als Kraft hinter dem sichtbaren Geschehen steht. Es ist die Potenz (das Vermögen), die Goethe im Gegensatz zur sichtbaren Form «das Wesen» nannte.

Sichtbar wird die Pflanze erst im 2. Strom! Denn alles, was wir in der Pflanze sehen und untersuchen, ist schon Abfallprodukt aus dem Leben, ist schon Ausscheidung. Das Leben selber ist unsichtbar, erscheint als Kraftwirkung. Erst nach Durchgang durch das Erdreich und in Überwindung der Erdenkräfte werden aus dem Lebensprozeß heraus die Substanzen abgesondert, die den Siegelabdruck des Lebendigen tragen.

Die sichtbare Pflanze ist derjenige Teil, der, schon im Entschlüpfungsprozeß, in der Auferstehung, zurückgelassen wird.

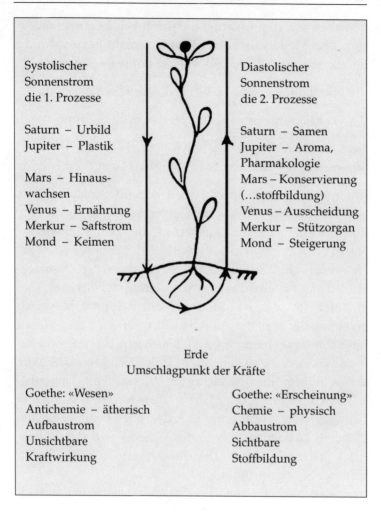

Systolischer Sonnenstrom die 1. Prozesse	Diastolischer Sonnenstrom die 2. Prozesse
Saturn – Urbild	Saturn – Samen
Jupiter – Plastik	Jupiter – Aroma, Pharmakologie
Mars – Hinauswachsen	Mars – Konservierung (...stoffbildung)
Venus – Ernährung	Venus – Ausscheidung
Merkur – Saftstrom	Merkur – Stützorgan
Mond – Keimen	Mond – Steigerung

Erde
Umschlagpunkt der Kräfte

Goethe: «Wesen»	Goethe: «Erscheinung»
Antichemie – ätherisch	Chemie – physisch
Aufbaustrom	Abbaustrom
Unsichtbare	Sichtbare
Kraftwirkung	Stoffbildung

Es ist von größter Bedeutung, sich dieses recht tief und innerlich vor die Seele zu stellen: *Das Pflanzen-Wesen nähert sich der Erde. Die Pflanzen-Erscheinung ist schon wieder auf dem Wege, die Erde zu verlassen.*

So haben wir den Inkarnationsstrom beschrieben von Saturn 1 bis Mond 1 und den Exkarnationsstrom von Mond 2 bis zum Saturn 2. Treibend war die doppelte Sonnenkraft:

die Inkarnationssonne oder Frühjahrs-Sommer-Sonne

die Exkarnationssonne oder Herbst-Winter-Sonne.

Man kann auch sagen:
Sommer-Tages-Sonnenkraft   Winter-Nacht-Sonnenkraft.

Ein anderer Gesichtspunkt wird geltend gemacht, wenn wir die Angabe von Rudolf Steiner ins Auge fassen, wie nun von außen her die Planeten auf die Pflanze einwirken. Schon im 1. Vortrag des Landwirtschaftlichen Kurses weist Dr. Steiner hin auf die zwei Strömungen im Pflanzenwachstum: erstens das Hinauswachsen der Pflanze, dies geschieht unter dem Einfluß von Saturn, Jupiter, Mars. Wir erkennen darin jetzt die mit Saturn 1, Jupiter 1 und Mars 1 bezeichneten Wirkungen. Zweitens Fortpflanzung und Reproduktion, diese stehen unter Einfluß von Mond, Merkur, Venus in ihrer mit 1 bezeichneten Wirksamkeit (Landwirtschaftlicher Kurs). Die erdfernen Planeten wirken auf dem Umwege über die Wärme und den Kiesel, die erdnahen Planeten auf dem Umwege des Wassers und des Kalkes. Alles getragen durch die inkarnierende oder Tages-Sommer-Sonnenströmung.

Dies alles scheint ziemlich einfach zu begreifen zu sein. Aber schon im 2. Vortrag des Landwirtschaftlicher Kurses macht Rudolf Steiner darauf aufmerksam, daß der ganze Prozeß doch viel komplizierter ist. Er sagt: «Und wenn man gar dann weitergeht und darauf sieht, wie dieses innere Leben des Erdbodens in feiner Dosierung *ganz verschieden ist im Sommer und im Winter*, dann kommt man auf

Gebiete, die zwar für die Praxis von einer ungeheuren Bedeutung sind, die aber heute eben gar nicht berücksichtigt werden.» (Hervorhebungen B. L.)

Wollen wir den Versuch wagen, diese Unterschiede zu berücksichtigen! – Rudolf Steiner vergleicht dasjenige, was unter der Erdoberfläche wirkt, mit den Wirkungen der Kopforganisation – im Kinde! – auf die übrige Organisation; dasjenige, was über der Erde wächst, mit der Stoffwechselorganisation des Kindes. Dann geht Rudolf Steiner weiter:

über der Erde – Stoffwechselorganismus – Mond,
                                    Merkur, Venus,
unter der Erde – Kopforganismus – Saturn, Jupiter,
                                    Mars,
über der Erde – untersonnige Wirkung – direkt von
                                    der feuchten Luft aus,
unter der Erde – obersonnige Wirkung – indirekt vom
                                    Boden (Kiesel) aufgenommen und nach
                                    oben gestrahlt.

Die Erdoberfläche wird dem Zwerchfell verglichen. In diesem Zwerchfell wirkt die Sonnenwirkung als solche, sagt Dr. Steiner. Im *Frühjahr* und *Sommer* wirkt auf die Pflanze die inkarnierende, systolische Sonnenströmung. Die obersonnigen inkarnierenden Prozesse wirken in der Wärme durch trockene Luft im homöopathischen Kiesel der Atmosphäre. Ihre Gestaltungskräfte wirken nicht direkt auf die Pflanze, werden durch die Kieselschichten der Erde gespiegelt und strahlen dann von unten aufwärts in die Pflanze hinein.

Die untersonnigen inkarnierenden Prozesse (also Keimung, Saftströmung und Ernährung) wirken im wässerigen Elemente in der feuchten Luft, im Regen und Tau direkt auf die Pflanze. Der ganze inkarnierende Strom findet seinen Angriffspunkt oberhalb der Erde. Die obersonnigen Wirkungen werden vom Kiesel gespiegelt, die untersonnigen vom Kalk heruntergezogen und so für das Wachstum nutzbar gemacht. Unter der Erde aber, im Wurzelbereich der Pflanze, fangen schon bald nach der Keimung Kräfte an lebendig zu werden, die nicht im aufbauenden, inkarnierenden Strome stehen, die im abbauenden, ausscheidenden, konservierenden Sinne wirken. Es sind die zweiten Prozesse der Planetenwirkungen. Diese Prozesse hemmen das bloße Wachstum, die bloße Entfaltung des Blatt-Pflanzenwesens. Es werden hier die abbauenden Prozesse hineingeschoben, die Zusammenziehung und Steigerung vom Blatt zur Blüte bewirken (untersonnige Wirkung), die Substanzen zu Nährstoffen konservieren (obersonnige Wirkung) und den Samen entwickeln. Diese Kräfte wirken unter der Erde vom Wurzelgebiet aus. Das stellen wir alles in nebenstehendem Schema zusammen.

Man sieht also: Oberhalb der Erde wirkt der inkarnierende Strom der ersten Prozesse (1), unterhalb der Erde, von der Wurzel aus wirken die hemmenden, exkarnierenden Kräfte, die ein zukünftiges Dasein schon jetzt vorbereiten.

Im *Winter* drehen sich die Verhältnisse um. Oberhalb der Erde ist Erstarrung und Kälte – das Pflanzenwesen hat sich aus diesem Gebiet zurückgezogen. Hier herrschen jetzt unbeschränkt in der Atmosphäre die zweiten exkarnierenden Sonnenkräfte. – Unter der Erde aber hat sich etwas zurückgezogen, das sich mit dem Samen verbinden will und diesem neue Kräfte für das nächste Frühjahr mitgeben will.

Die Wasserprozesse der Atmosphäre haben sich zum Erdenzustand verdichtet. Im Schnee überdecken sie die Erde

Sommerzustand

Wärme ⎫ Luft ⎭	Blütenwärme / tot	obersonnig 1	(Baugedanke-Plastik, Hinauswachsen)	im Rückstrahlen der Gesteine (Si)
Wasser ⎫ Erde ⎭	Regen / lebendig	untersonnig 1	(Keimen, Saftströmung, Ernährung)	hinuntergezogen vom Kalk (Ca)

– – – – Sonne (Zwerchfell)

Erde ⎫ Wasser ⎭	tot	untersonnig 2	(Steigerung, Stütze Ausscheidung)	Wurzeltendenz hinaufwirkend
Luft ⎫ Wärme ⎭	Wurzelwärme / lebendig	obersonnig 2	(Nährstoffe, Aroma, Samenbildung)	von unten hinauf- wirkend

Winterzustand

Wärme ⎫ Luft ⎭	fern	untersonnig 2	(kein direkter Angriffspunkt, diese Kräfte werden aber im Frühling durch den Kalk heruntergeholt)
Wasser ⎫ Erde ⎭	Schnee	obersonnig 2	(Auferstehung, Nährstoffbildung, Eiweißbildung – Gesundheit der Pflanze) Hinuntersickernd als Schmelzwasser

– – – – Sonne (Zwerchfell)

Erde ⎫ Wasser ⎭	kristallinisch	obersonnig 1	(Kommunikation des Samens mit seinem Urbilde) Kraft des Auflaufens
Luft ⎫ Wärme ⎭	Wurzelwärme	untersonnig 1	(Keimkraft Saftstrom) Ende Januar hinaufwirkend

und tragen dadurch die kristallinischen Kräfte der erdfernen Planeten in der zweiten Form. Im Schmelzwasser werden sie der Erde im Frühjahr geschenkt und bringen Auferstehungskräfte (Eiweißbildung), Gesundheit und Qualität (Aroma) für die Pflanze des nächsten Jahres. Dieser Schnee ist ein lebendiger Erdenzustand. Unter der Erdoberfläche ist die Erde jetzt am totesten, am meisten kristallinisch und den ersten Prozessen der erdfernen Planeten ausgesetzt. Dem Samen wird sein Geist-Urbild eingeimpft, und die Kraft dieses Urbildes tritt in Erscheinung, sobald die Umstände das möglich machen.

In der lebendig-wirksamen Wurzelwärme harren die zweiten untersonnigen Planetenkräfte (Keimen, Saftstrom, Ernährung) und werden nach dem 28. Januar schon regsam. Dann fängt der Saftstrom schon an, in die Bäume hinaufzugehen, auch wenn äußerlich die Welt noch in Schnee und Eis liegt (siehe Seite 51).

So ergibt sich ein Bild von den «Himmelskräften, die auf- und niedersteigen und sich die goldnen Eimer reichen.» (Goethe, Faust I)

Mit dieser Darstellung ist ein erster Versuch gemacht, eine Aufgabe zu erfüllen, die Dr. Steiner uns im 2. Vortrag des Landwirtschaftlichen Kurses stellt, als er damals aussprach: «Und wenn man gar dann weitergeht und darauf sieht, wie dieses innere Leben des Erdbodens in feiner Dosierung *ganz verschieden ist im Sommer und im Winter*, dann kommt man auf Gebiete, die zwar für die Praxis von einer ungeheuren Bedeutung sind, die aber heute eben gar nicht berücksichtigt werden.» (Hervorhebungen B. L.)

Von besonderer Wichtigkeit ist diese Betrachtung als Ausgangspunkt für ein Verstehen der Präparatewirkungen und Präparateherstellung.

Die einzelnen Präparate

Präparat 502 – Die Schafgarbe

Rudolf Steiner gibt im 5. Vortrag des Landwirtschaftlichen Kurses an: Hier wird der Schwefel in seiner Geistwirkung in vollendeter Weise verwendet – die Schafgarbe wirkt im Komposthaufen genauso wie im Medizinischen, sie kann ausbessern überall, wo eine Schwäche des astralischen Leibes vorliegt. Die Schafgarbe wirkt so, «wie manche sympathische Menschen in der Gesellschaft durch ihre bloße Anwesenheit wirken, nicht durch das, was sie sprechen; so wirkt die Schafgarbe in einer Gegend, wo sie wächst, *schon durch ihre Anwesenheit* außerordentlich günstig.» (Hervorhebungen B. L.) Nach dem vorher Gesagten wird man in dieser letzten Beschreibung schon die Venushaltung wiedererkannt haben.

Die Schafgarbe wird präpariert, indem sie in eine Blase des Edelhirsch (Endpunkt der Venuswirkungen) hineingetan wird und dann an einem von der Sonne beschienenen Ort im Sommer aufgehängt, im Herbst heruntergenommen und während des Winters nicht zu tief vergraben wird. Als Präparat hat sie dann eine «*außerordentlich strahlende Kraft*». Sie wirkt «*belebend, erfrischend*» (Hervorhebungen B. L.), Raubbau ausbessernd. Die Erde wird so belebt, daß «die weiteren kosmischen Stoffmengen, das, was in feinster homöopathischer Dosierung als Kieselsäure, Blei und so weiter herankommt auf die Erde (obersonnige Planetenwirkungen, B. L.), aufgefangen werden.» Die Kaliwirkungen, wirkend im Gerüst der Pflanze, im Stammhaften, werden durch die Schafgarbe belebt.

Das alles sind in kurzer Zusammenfassung die wesentlichen Punkte der Angaben Rudolf Steiners. Diese sind geschöpft aus dem direkten intuitiven Darinnenstehen in den Naturprozessen. Versuchen wir sie zu verstehen! In dem Schafgarbepräparat wird eine Wirkung beschrieben, die in allem darauf aus ist, ein Milieu zu schaffen, in dem das Geistige in die Substanz eingreifen kann. Die Erde soll die Fähigkeit bekommen, die Kräfte der obersonnigen Planeten aufzunehmen und dadurch Verlorengegangenes an Substanz zu ersetzen. Es ist die typische, ernährende, behütende Venuswirkung, die Platz schafft, damit etwas anderes wirken kann. Andererseits hängt die Wirkung mit dem Kali zusammen. Dadurch wird durch Ausscheidung von Zellulose und Salzen das Gerüst der Pflanze aufgebaut; das ist die Venuswirkung 2.

Die Schafgarbe wird aber noch auf eine besondere Art präpariert, und dafür müssen wir das Wesen des Hirsches verstehen. Der Edelhirsch (männlich) zeichnet sich durch sein Geweih aus. Dieses Geweih ist eigentlich ein nacktes, in die Luft hineinragendes Knochenskelett. Was sonst nicht vorkommt, daß das Skelett frei, unbedeckt ist, tritt hier als Ausnahme auf. Die Haut bedeckt sonst alle inneren Organe und schließt sie von den kosmischen Wirkungen ab. Hier durchbricht ein innerlichstes Saturnisches die Oberfläche und stellt sich wie eine Antenne für den Kosmos frei in die Luft. Die innerlichsten, skelettformenden Kräfte, Abbild des Geistigsten in der Tierart, kommunizieren hier frei mit den erdfernen kosmischen Kräften.

Das Geweih ist gerade das Gegenbild des Hornes. Das Horn ist eine Hautverdickung, eine Stelle, wo nichts hinauskann an inneren Kräften, da wird der Mond zum absoluten Abschließer, der die inneren Kräfte, die hinauswollen, zurückstrahlt wie ein Spiegel. Geweih und Horn machen Saturn und Mond sichtbar. – Die Geweihbildung des Hirsches ist ein rhythmischer Prozeß im Jahreslauf. Abgeworfen wird das Geweih im Februar–März, dann wächst schnell ein neues Geweih heraus, und in dieser Zeit wirft das Muttertier das Hirschkalb. Im Herbste ist das Geweih am kräftigsten, dann ist die Zeit, wo der Hirsch um das weibliche Tier wirbt und die neue Befruchtung stattfindet. So sieht man, wie das Saturn-Geweih in Wechselwirkung steht mit der Monden-Fortpflanzung, beide rhythmisch eingeschaltet in das Sonnenjahr. Durch die in die geistige Umgebung der Erde gerichtete Skelett-Antenne kann das Edelwild gewisse Kräfte, die sonst nur für die Sinnesorgane gebraucht werden, in die Atmosphäre hinaussenden. Wenn in dem Ausscheidungsprozesse, dem zweiten Venusprozesse, die in den Abbaustrom gekommenen Substanzen zum Nieren-Blasensystem gesogen werden, findet in der Niere eine Scheidung statt zwischen den ätherisch-astralischen Kräften einerseits und den physischen Kräften andererseits. Die physischen Substanzen werden jetzt von der Blase abgesaugt, die ätherisch-astralischen strahlen hinauf und geben normalerweise die Kraft, womit das Auge in die Welt hinaussieht. Beim Hirsch geben sie aber die Stoßkraft, mit der das Geweih hinausgeschickt wird, und wenn es dann ein fertiges Geweih ist, ist das Geweih ein Sinnesorgan geworden, wobei eigenes Astralisches hinaustritt und in Verbindung tritt mit der astralen Umgebung der Erde, worin besonders die erdfernen Planeten wirken. Da ist dann ein Hinaus und Herein von Kräften, die das ganze Tier mit den Wirkungen der obersonnigen Planeten durchastralisiert, was sich in dem «Nervössein» des Tieres zeigt.

In den durch die Blase abgesogenen Substanzen sind dann noch die Nachwirkungen dieser erdfernen Formkräfte anwesend. In der Edelwildblase wirkt noch die Möglichkeit, erdferne Formkräfte anzusaugen und der physischen Substanz mitzuteilen. Rudolf Steiner sagt: «Nun wird aber gerade dasjenige, was in der Schafgarbe ist, im menschlichen und tierischen Organismus ganz besonders konserviert durch den *zwischen der Niere und der Blase sich abspielenden Prozeß*.» (Hervorhebungen B. L.) Die Edelwildblase (im Gegensatz zum Rind) hängt zusammen mit den Kräften des Kosmos, sie ist «fast ein Abbild des Kosmos». (5. Vortrag Landwirtschaftlicher Kurs)

Welches ist dieser zwischen Niere und Blase sich abspielende Prozeß? Die Niere ist der eigentliche Endpunkt des zweiten, abbauenden, ausscheidenden Venusprozesses. Von der Blase werden dann die physischen Abbaustoffe aufgenommen, nachdem die ätherischen Kräfte davon abgeschieden sind. In der Blase aber begegnet dieser letzte Ausläufer des Venusprozesses dem Mondenprozeß, der sich in den mit der Blase eng verbundenen Fortpflanzungsorganen auslebt. Der Prozeß zwischen Niere und Blase entspricht dem Prozeß zwischen Venus und Mond.

Entwicklungsgeschichtlich entstehen die Fortpflanzungsorgane aus der Urniere. Hiermit ist eine geheime Verbindung ausgedrückt, die zwischen Mond und Venus besteht und die zu mancher irrtümlichen Anschauung über die Venuswirkung geführt hat. Noch immer heißen die Geschlechtskrankheiten die venerischen Krankheiten. Venus wird hier offensichtlich mit Luna verwechselt. Die Venuswirkung verbirgt sich immer in keuscher Zurückhaltung, die Luna ist schon frecher und zeigt sich gern. Durch die Mondenkräfte werden aber die Venuskräfte bis in die sichtbare Realität gebracht, und das braucht Venus, um bis in den Lebensstrom hinein fruchtbar zu sein.

Beim Edelwild ist dieser Prozeß nun wunderbar durchwebt mit kosmischen Wirkungen durch das Geweih. Achillea millefolium, im Mittelalter auch Hipercilium Veneris genannt, das ist «Venusaugenbraue», macht als Venuspflanze in der Edelwildblase eine bestimmte Verstärkung ihrer Kräfte durch. Dort wird sie noch fähiger als sonst schon, ihre Venustätigkeit zu entfalten, indem sie aktiviert wird, den Raum zu schaffen, worin die formenden, bis ins Leben (also im Lebensäther) eingreifenden, erdenfernen Planetenkräfte ihre Wirkungen entfalten können.

Im Sommer saugt die frei aufgehängte Blase die obersonnigen Planetenkräfte auf, die im homöopathischen Kieselprozeß der warmen Atmosphäre wirken, dieselben Kräfte, die im Winter in den unterirdischen kristallinischen Erdenprozessen wirken. Die Blase wirkt dabei so, als ob das ganze Tier noch existierte und sein Geweih jetzt ätherisch noch in den Raum hinausstreckte.

So wirkt das Schafgarbepräparat «erfrischend» auf den Boden, indem es immer neu die Urbilderwelt in das Irdische eingreifen läßt. «Man gibt dem Dünger die Möglichkeit zurück, die Erde so zu beleben, daß die weiteren kosmischen Stoffmengen, das, was in feinster homöopathischer Dosierung als Kieselsäure, Blei und so weiter herankommt auf die Erde, aufgefangen werden.» (5. Vortrag Landwirtschaftlicher Kurs) Diese Charakterisierung der Wirkung des Präparates 502 ist durch das Vorangegangene hoffentlich deutlich geworden.

Präparat 503 – Die Kamille

Rudolf Steiner gibt an: Die Kamille verarbeitet sowohl Kali als auch Kalzium. Der damit bearbeitete Dünger ist stickstoffbeständiger als anderer Dünger. Er hat die Eigentümlichkeit, «die Erde so zu beleben, daß sie in außerordentlich *anregender* Weise auf das Pflanzenwachstum wirken kann. Und man wird vor allen Dingen damit gesündere, wirklich gesündere Pflanzen erzeugen.» (5. Vortrag Landwirtschaftlicher Kurs, Hervorhebungen B. L.)

Die Kamille wird präpariert, indem man die Blütenköpfchen in Rinderdärme stopft und diese Würste während des Winters in die Erde eingräbt, an einer Stelle, wo der Schnee lange liegen bleibt und das Schneewasser beim Schmelzen in den Boden hineinsickert, damit «möglichst die kosmisch-astralischen Wirkungen da hineinwirken, wo Sie diese kostbaren Würstchen untergebracht haben.»

Die Kamille wird noch heute in der Medizin viel gebraucht. Das Indikationsgebiet umfaßt das ganze Gebiet der Schleimhäute. Überall wo Entzündungen, das heißt Chaos herrscht, wo Schleim und Eiter produziert werden, wirkt Kamille lindernd, desodorisierend, reinigend. Das Hauptgebiet der Anwendung ist aber der Darm. Wo Krämpfe, Gasbildung, falsche Umsetzungen, Fäulnis auftritt, wirkt die Kamille heilend. Als Tee getrunken, als Einlauf oder als Umschlag wirkt sie auf die Verdauungsprozesse und hebt Stockungen auf, verstärkt die Absonderung der Darmdrüsen, bringt die Ausscheidung in Gang. Kamille löst Krämpfe, die entstehen, wenn das Astralische auf falsche Weise in die Darmbewegung eingreift, statt sich mit den Stoffen zu verbinden, die durch die Darmwand belebt, im Innern des Menschen aufgenommen werden und dort Anschluß an den Astralleib als Ganzes finden müssen.

Typisch ist auch die einschläfernde Wirkung der Kamille. Wenn der Mensch an Schlaflosigkeit leidet, kann der Astralleib sich abends nicht vom physisch-ätherischen Menschen loslösen. Dieser Fall tritt ein, wenn der Ätherleib zu schwach wird und der Astralleib direkt an den physischen Organismus heran kann. Die Kamille, diesmal als heißer Umschlag auf die Magengegend verwendet, bringt den Ätherleib wieder in Strömung und macht, daß der Astralleib sich lösen kann. Es ist ein außerordentlich stark wirkendes Schlafmittel, wenn dieser heiße Umschlag abends angewendet wird.

Typisch für die Kamille ist auch die Verstärkung der Ätherströmung und Aktivität beim faulwerdenden Fleisch. Wenn das Wildbret zuviel «haut gout» hat, also schon anfängt zu faulen und zu stinken, dann kann man das Fleisch wieder frisch machen, indem man es in Kamillentee legt. Das sich lösende Astralisch-Ätherische verbindet sich wieder mit der physischen Substanz und bekehrt diese. Man sieht also, daß die Kamille in ihrer Wirkung erstens stark auf den Darm wirkt und zweitens das stockende Ätherische in strömende Tätigkeit bringt. Beides weist hin auf eine Verbundenheit mit den merkurialen Wirkungen. In der Darmtätigkeit ist Merkur im aktivsten Sinne wirksam. Die ganze Darmwand ist *eine große Drüse,* wo vom Innermenschlichen aus die Darmsäfte in den außermenschlichen Darminhalt ausgeschieden werden und wo dann das Außermenschliche, der Speisebrei, mit den bis zum Anorganischen abgebauten Substanzen verinnerlicht und durch den eigenen Ätherleib belebt wird.

Die Kamille wirkt so, daß das Ätherische in strömende

Tätigkeit kommt und dadurch das Chaotisch-Astralische besänftigt. Dies ist eine typische Merkurwirkung. Die Kamille ist verbunden mit allen Drüsenwirkungen und *verstärkt das Ätherische gegenüber dem Astralischen, während die Achillea millefolium das Ätherische öffnet, damit es das Astralische empfangen kann.*

Die Kamille in Därme gestopft als «Kamillenwurst» wird jetzt der Wintererde übergeben, dort hingelegt, wo der Schnee lange von der Sonne beschienen wird und Schneewasser heruntersickert. Aus den vorangehenden Betrachtungen wissen wir schon, daß gerade im Schnee die zweiten obersonnigen Prozesse wirken, wie sie als Schneewasser «Auferstehung» (Saturn), Chemismus (Jupiter) und Eiweißbildung (Mars) bringen. Die Kamillenwurst liegt da unten und hat nun um sich herum statt des Leibes des Rindviehs die ganze Erde. Noch immer wirkt da die Darmwand als Drüse und möchte in ihren Inhalt die astralischen Kräfte des Rindviehs wie in die Verdauungstätigkeit hineinschicken. Diese sind aber wieder die kosmischen obersonnigen Kräfte in ihrer zweiten mehr innerlichen Tätigkeit, die mit dem Schneewasser mit herunterkommen. Dadurch wird der strömenden Merkurkraft der Kamille noch ein Verbundensein mit den chemischen und eiweißformenden Kräften mitgeteilt. Deshalb sagt Rudolf Steiner, daß dieser Dünger stickstoffbeständiger macht, die Erde belebt und gesündere Pflanzen erzeugt. – Gerade wenn der strömend tätige Merkur den zweiten Wirkungen der obersonnigen Planeten begegnet, tritt eine wirkliche Gesundung, eine Heilung ein.

Präparat 504 – die Brennessel

Rudolf Steiner sagt: Die Brennessel hat «eine Art Eisen-strahlungen, die fast so günstig sind, dem Laufe der Natur, wie unsere eigenen Eisenstrahlungen im Blute.» (5. Vortrag Landwirtschaftlicher Kurs) Sie zieht ein Zuviel an Eisen-wirkung im Boden an sich. Der präparierte Dünger ist in-nerlich empfindlich und vernünftig geworden und läßt sich nicht gefallen, daß sich irgend etwas in einer unrich-tigen Weise zersetzt. Die Erde wird individualisiert auf die-jenigen Pflanzen hin, die man gerade ziehen will. Die Pro-dukte erlangen wirkliche Nährkraft.

Die Brennessel wird in der heutigen Volksmedizin noch immer verwendet als Heilmittel gegen das Rheuma, als sogenanntes «blutreinigendes Mittel». In ihrem ganzen Gebaren ist die Brennessel eine Marspflanze; agressiv be-nimmt sie sich, wenn man sich ihr zu sehr nähert. Dann schießt sie ihre Pfeile in die Haut des Gegners. Die junge Pflanze jedoch ist ein beliebtes Gemüse für Frühjahrssup-pen und im Geschmack dem Spinat ähnlich.

In der anthroposophischen Medizin ist sie ein Bestand-teil des «Anämodoron» (das Mittel gegen Blutarmut), des Milchbildungstees und des Combudorons. Weiter wird sie dort verwendet, wo man den Eisen-Mars Prozeß anregen will. Im Ganzen kann man sagen, daß die Brenn-nessel den ganzen Eisenhaushalt in der Natur reguliert, und Eisen ist im Boden notwendig in kleinsten Mengen, damit die Blätter grün werden können. Zwar hat das Chlorophyll, das dem Hämoglobin des Blutes sehr ähnlich ist, an der Stelle des Eisens des Hämoglobins (roter Blut-farbstoff) das Magnesium; doch formt sich kein Chlorophyll, kein grüner Blattfarbstoff ohne Eisenwirkung im Boden.

Präparat 504 gibt dem Boden diese aktive Eisenstrahlung. Dr. Steiner nennt die Brennessel einen Allerweltskerl, der ungeheuer viel kann. (5. Vortrag Landwirtschaftlicher Kurs) In diesem Präparate hat man zum ersten Male eine Wirkung aus der obersonnigen Planetensphäre. Wir werden sehen, daß diese Präparate eine weniger intensive Potenzierung ihrer Wirkungen brauchen als die mit den untersonnigen Planeten zusammenhängenden. Sie haben von sich aus schon eine starke Aktivität, die nur noch erdenverwandter, erdenzugewandter gemacht werden muß. Die Brennessel braucht keine tierische Organwirkung, um die Kräfte für die Erde zu konsolidieren. Man gräbt sie einfach ein, durch etwas Torfmull von der Erde geschieden und läßt sie ein Jahr lang, also einen Winter und einen Sommer, in der Erde. Wenn sie dann herauskommt, strahlt ihre Wirkung durch den ganzen Komposthaufen und reguliert die Eisenstrahlung für die Pflanze.

Wenn man über das Gesagte des Eisen-Mars-Prozesses nachdenkt und durchschaut, wie der Mars in seiner innerlichen zweiten Wirkung den Eiweißaufbau zustande bringt, versteht man auch die Worte Rudolf Steiners, dieses Präparat befördere, daß der Boden sich nicht gefallen läßt (ein aktiver Prozeß also), daß irgend etwas in einer unrichtigen Weise den Stickstoff abläßt oder unrichtig zersetzt und daß dadurch die Pflanze an wirklicher Nährkraft gewinnt.

Präparat 505 – Die Eichenrinde

Rudolf Steiner bezeichnet die Eichenrinde als «ein Mittel gegen Pflanzenkrankheiten». Wirksam ist das Kalzium in der Eichenrinde innerhalb des Bereichs des Lebendigen. Die Eichenrinde hat bis zu 78% ihres Aschenbestandes Kalzium. Vom Kalzium heißt es: «Es schafft Ordnung, wenn der Ätherleib zu stark wirkt, so daß an irgendein Organisches das Astrale nicht herankommen kann. Es tötet (es dämpft) den Ätherleib ... aber wenn wir wollen, daß in einer sehr schönen Weise ein wucherndes Ätherisches sich zusammenzieht und so zusammenzieht, daß diese Zusammenziehung wirklich eine recht regelmäßige ist, nicht Schocks erzeugt im Organischen, so müssen wir das Kalzium gerade in der Struktur verwenden, in der wir es finden in der Eichenrinde.» (5. Vortrag Landwirtschaftlicher Kurs)

Wann entstehen Pflanzenkrankheiten, wann können Bakterien und Pilze auf der Pflanze leben? Nur dann, wenn die Pflanze nicht imstande ist, ihr Ätherisches in der Form des astralisch-geistigen Urbildes zusammenzuhalten. Das Ätherische rinnt dann aus, und von dieser «Nahrung» können Bakterien und Pilze leben. Auf gesunden Pflanzen finden sie keinen Nährboden. Es gilt also, wenn Pflanzenkrankheiten auftreten, von unten herauf der Pflanze eine Kraft mitzuteilen, die in richtiger Weise das Astralische eingreifen läßt. Man muß die Wirkung dieses Präparates im Zusammenhang sehen mit der polaren Stellung, die das Eichenrinde-Präparat zum Kiesel hat, der, im Equisetum wirkend, von oben herab dem begegnet, was von unten herauf durch den Kalk der Eichenrinde wirkt. Diese Wirkung hängt zusammen mit einer Regulierung der Mondenwirkungen in der Erde. Rudolf Steiner sagt darüber: «Beim Pflanzenwachstum reicht die Mondenwirkung fast ganz aus, um die Reproduktion hervorzubringen. Beim Tierreich muß die Mondenwirkung unterstützt werden von der Venuswirkung.» (Vergleiche dazu das Vorhergesagte von dem Prozeß, der sich zwischen Niere und Blase abspielt, zwischen Venus und Mond). Weiter: «Denken sie einmal einen recht nassen Winter, dem auch ein recht nasser Frühling folgt. Da wird zu stark die Mondenkraft in das Erdige hineingehen; die Erde wird zu stark belebt.» Wenn die Mondenwirkung normal ist, «dann wirkt hinauf diese Lebendigkeit, daß gerade dieser Same zustande kommt. Nehmen wir aber an, die Mondenwirkung sei zu stark, die Erde sei zu stark belebt, dann wirkt es von *unten herauf zu stark*, und dasjenige, was eintreten sollte erst in der Samenbildung, das tritt schon früher ein. Es reicht gerade, wenn es stark wird, nicht aus, um nach oben zu kommen, sondern es wirkt durch seine Intensität mehr unten … Der Same der Pflanze, das Obere der Pflanze, wird eine Art Boden für andere Organismen. Parasiten, Pilzbildungen treten auf, (die Brandkrankheiten, B. L.) … Es hängt durchaus die Fruchtbarkeitskraft davon ab, daß die Mondenwirkung normal, nicht zu stark ist.» (6. Vortrag Landwirtschaftlicher Kurs, Hervorhebungen B. L.) Der Erde müssen die überschüssigen Mondenkräfte abgenommen werden durch das Präparat 508, das Equisetum arvense.

In gesunder, in normaler Weise werden die Mondenkräfte wirksam im Boden durch Präparat 505, die Eichenrinde.

Die Eichenrinde braucht als untersonnige Planetenwirkung die Festigung, die Erdenverbindung im Durchgang durch ein Tierorgan. Dazu hat Rudolf Steiner angegeben den Tierschädel, dem ohne Zersägen, durch das Hinterhauptloch das Gehirn entnommen ist und der so, frisch geschlachtet, ausgefüllt wird mit Eichenrinde in zerbrökkelter Form. Das Hinterhauptsloch wird dann mit einem frischen Knochen desselben Tieres verschlossen und dann dieser Kopf mit dem «Eichenrindegehirn» in Schlamm gelegt, dort wo Regen-, Schneewasser den Kopf überströmen kann. Dieses geschieht nur im Winter.

Erinnern wir uns, welche Kräfte im Winter im Regen- und Schneewasser wirken: Oberirdisch leben die obersonnigen Kräfte. Im Boden als Schneewasser bringen sie «Auferstehung» (Saturn), Chemismus (Jupiter) und Eiweißbildung (Mars). Was sich in dem «Eichenrindegehirnkopf» abspielt, können wir jetzt ahnen. In der Schädeldecke eingeschlossen wird hier der zweite Mondenprozeß befördert, dort wo die keimenden Regenerationskräfte gerade gedämpft werden und der Mond zum gestaltenden Organe wurde, das die Welt spiegelt und verinnerlicht.

Durch das Gehirn kann das Astralische als Mikrokosmos sich im Makrokosmos erleben. Dieses Abtöten, Dämpfen der Ätherlebenskräfte, zusammen mit der Möglichkeit für das Astralische, sich in der Substanz ein Abbild zu schaffen (das Gehirn ist das meistdurchgestaltete Organ, das wir haben), bringt gerade den Kalk der Eichenrinde in einen Zustand, wo er die zum Wuchern neigenden Mondenfortpflanzungskräfte beherrschen kann.

Deshalb: «Aus dieser Masse (505, B. L.) wird nun dasjenige unseren Düngemassen beigesetzt, was ihnen wirklich die Kräfte verleiht, schädliche Pflanzenkrankheiten *prophylaktisch* zu bekämpfen, aufzuhalten.» (5. Vortrag Landwirtschaftlicher Kurs, Hervorhebung B. L.) Wir sehen aus all dem, wie durch das Präparat 505 Mondenkräfte für die Pflanze in gesunder Art zur Entfaltung kommen.

Präparat 506 – Der Löwenzahn

Dr. Steiner sagt: «Man braucht eben die Kieselsäure, um hineinzuziehen das Kosmische.» Eine richtige Wechselwirkung muß entstehen zwischen der Kieselsäure und dem Kalium. Und in dieser Richtung wirkt Taraxacum, der Löwenzahn. «Er ist wirklich eine Art von Himmelsbote.» Durch Präparat 506 wird die Pflanze bereit, «im weiten Umkreis die Dinge heranzuziehen.» (5. Vortrag Landwirtschaftlicher Kurs) Sie wird «innerlich empfindlich» gemacht.

Die Medizin kennt den Löwenzahn als Frühjahrskur, als Lebermittel. Er zieht in seiner Kieselwirkung die obersonnigen Kräfte heran, und zwar gerade an die Kaliwirkungen heran, die auch beim Menschen in der Leber wirken, der Pflanze im festen Gerüste die Aufrichtekraft geben. Der Löwenzahn hat eine sehr tief, bis in die tote Schicht der Erde hineingehende, einheitliche kosmische Wurzel. Nach der Blüte wächst der Blütenboden durch und formt die schöne, feine, wie kristallinische Kerze. Hier erkennen wir die Jupiterwirkung, einerseits in diesen gestaltenden Kieselformen, andererseits im Chemismus des Milchsaftes. Zur Ernährung brauchen wir gerade die noch nicht blühende, junge Pflanze mit dem Milchsafte. Als Grundlage für das Präparat 506 brauchen wir die Blüte, die sogar noch während des Trocknens oft in Samen geht, die Blüte mit der strahlenden Kraft, bevor diese in Erscheinung tritt. Auch hier bedarf es nur einer geringen Präparierung. Die Pflanzenteile werden nicht in irgendein Tierorgan hineingetan, sie brauchen nur noch eine letzte Verbindung mit einer Tiermembrane, um ihre Wirkung zu steigern, indem sie in dieser überwintern, um in der kristallinischen Erde den Wirkungen der erdfernen Planeten ausgesetzt zu sein. Durch die Wahl der Membrane wird hier gerade die Jupiterkraft gesteigert. Warum wird gerade durch das Bauchfell vom Rindergekröse die Jupiterkraft gesteigert?

Rudolf Steiner hat hier als tierische Hülle das Rindergekröse angegeben. Dieses wird vom Fett gereinigt, und übrig bleibt eine dünne, glänzende Haut, das Bauchfell. Das Bauchfell nimmt unter den Membranen des Körpers eine besondere Stellung ein. Wie das Rippenfell ist es schmerzempfindlich und überzieht alle inneren Organe, die selbst nicht schmerzempfindlich sind. Rippenfell und Bauchfell dienen also dem Bewußtsein des oberen im unteren Menschen, aber sie haben noch wichtigere Funktionen. Wie eine feine glänzende Haut überziehen sie (wie auch das *Herzfell* im Herzbeutel) die großen Organe. Diese empfindlichen Oberflächen der Organe haben eine wichtige Aufgabe im Bewußtseinsleben des Menschen. Wenn der obere Mensch sich im bewußten Vorstellen im oberen freien Ätherleibe ein Bild formt, dann trägt er diese Ätherform hinunter zu den großen Organen im Prozesse des Vergessens. Dort spiegelt sich das Bild in den Organoberflächen und kann dort durch inneres Anschauen wieder erinnert werden. Die *Bildformen* des oberen Ätherleibes werden gespiegelt, die lebendigen *Äthergestalten* (denn die durch die obere Jupitertätigkeit plastizierten Gedanken sind lebendige Wesen) gehen aber durch diese Oberflächen hindurch in die Organe hinein, wo *sie aufbewahrt werden* und erst nach dem Tode zu formenden Kräften werden für den Leib der nächsten Inkarnation. (Siehe Rudolf Steiner: Menschenfragen und Weltenantworten.) Was der obere Jupiter gestaltet, wird seinem Inhalt nach durchgelassen und zum späteren

Wirken aufbewahrt. In diesem Bauchfell nun wird der Löwenzahn den winterlichen, obersonnigen Kräften in der Erde ausgesetzt: Der lebendige Inhalt der Jupitertätigkeit wird durchgelassen und für späteres Wirken dem «Löwenzahnorgane» mitgeteilt. Durch das Einhüllen in Bauchfell macht man aus der Handvoll Löwenzahn ein Organ, wie Leber oder Milz oder Lunge eins ist. Dies Organ zieht jetzt aus der ganzen Erde die gestaltenden Kräfte in sich hinein. Das Verhältnis «Erdgehirn» zum Präparat ist das gleiche wie das vom Menschengehirn zum Stoffwechselorgan; aufbewahrt werden die Kräfte, die oben geformt sind, damit sie erinnert werden können.

Präparat 506 macht, daß die Pflanze empfindlich wird und heranziehen kann, was im weiten Umkreise wirkt: «Der Pflanze kann zugute kommen nicht nur das, was auf dem Acker ist, sondern auch dasjenige, was im Boden der nächsten Wiese ist, wenn sie es braucht, ... was im Waldboden ist, der in der Nähe ist.» (5. Vortrag Landwirtschaftlicher Kurs) *Die Pflanze wird zum Organ in einem größeren Organismus, dem ganzen landwirtschaftlichen Betriebe, wie er da ist mit Ackerland, Wiese und Wald.*

In Präparat 506 haben wir also eine Wirkung beschrieben, wo das Jupiterhafte bis ins Irdisch-Lebendige hinein wirksam wird.

Präparat 507 – Der Baldrian

Rudolf Steiner sagt hierüber nur sehr wenig, nur dieses, daß dies Präparat die Pflanzen anregt, sich gegenüber demjenigen, was man Phosphorsubstanz nennt, in der richtigen Weise zu verhalten.

Eine besondere Präparation braucht der Baldrian nicht. Benutzt werden die Blüten, die ausgepreßt und dann stark mit Wasser verdünnt zum Bespritzen des Komposthaufens angewandt werden. Hier braucht man kein Präparieren innerhalb der Erdenkräfte. Ein bloßes Verdünnen oder Potenzieren genügt. Denn hier geht es um die erdfernsten und geistnahesten Kräfte des Saturn, die dem Haufen mitgeteilt werden müssen. Durch das Anspritzen des fertigen Haufens erreicht man, daß diese Wirkung den Haufen wie eine Geisthülle umgibt, wie der Saturn den ganzen Planetenraum umgibt.

Was müssen wir verstehen unter «richtig verhalten gegenüber Phosphorsubstanz»? Über die Wirkung des Phosphors hat Rudolf Steiner gesagt, daß er im Medizinischen immer das Ich (also für die Pflanze das geistige Urbild) verstärkt gegenüber dem zu stark wirkenden Astralischen. Im Eichenrindepräparat haben wir erreicht, daß das Astralische gegenüber einem zu starken Ätherischen in regulierender Weise wirkt. Hier beim Baldrian ist es ein Geistiges, das sich durchsetzen muß, damit die Pflanze immer wieder das spezifisch eigene Urbild realisieren kann. Von der medizinischen Wirkung des Baldrian kann man sich selber überzeugen, indem man die Baldriantinktur (hier aus der Wurzel), die Tinctura Valerianae, in einer großen Dosis selber einnimmt (z.B. 50–60 Tropfen B. L.). Man bemerkt, wie der Herzschlag langsamer wird, eine bleierne Schwere in die Glieder kommt und die Funktionen in langsamen Rhythmen verlaufen. Es ist ein Mittel, das in jeder Hausapotheke zu finden ist und gebraucht wird bei allen Zuständen nervöser Erregung und bei Schlaflosigkeit.

Im Baldrian haben wir das letzte der sechs Kompostpräparate genannt und dem erdfernen und geistnahen Saturn zugerechnet in seiner Wirkung auf die Pflanzen.

Zusammengefaßt haben wir also folgende Gliederung der Präparate:

Saturn	Baldrian	verdünnt	in Wasser	
Jupiter	Löwenzahn	im Bauchfell	in der Erde	im Winter
Mars	Brennessel	ohne Hülle	in der Erde	Winter und Sommer
Venus	Schafgarbe	in Hirschblase	üb. der Erde	Sommer
			unt. der Erde	Winter
Merkur	Kamille	im Darm	in der Erde	im Winter
Mond	Eichenrinde	im Schädel	unter Wasser	im Winter

Dabei fällt auf:

Mars- (Brennessel) und Venuspräparat (Schafgarbe) bringen *Sommer und Winter* im Präpararierungsverfahren zu.

Jupiter- und Merkurpräparat (Löwenzahn und Kamille) im Bauchfell bzw. Darm *nur den Winter.*

Saturn- und Mondpräparat (Baldrian und Eichenrinde) werden nicht in die Erde gegeben, sondern *in das Wasser.*

Saturn wird im Wasser verdünnt, vergeistigt dabei. Mond wird den Winter unter Wasser gehalten, wird dabei in der Knochenhülse irdisch tätig.

Die Präparate 500 – Horndung
und
501 – Hornkiesel

Nach dem Vorangegangenen wollen wir uns jetzt damit beschäftigen, wie wir die Sonnenwirkungen in der Pflanze unterstützen können. Es geschieht dies durch die zwei Kuhhornpräparate, den Horn-Dung, der überwintert hat und den Horn-Kiesel, der übersommert hat.

Zuerst wollen wir uns kurz mit der Wirkung des Präparierens im Kuhhorn beschäftigen. Das Horn ist eine Verdichtung und Verdickung der obersten Hautschicht. In dem Horn der Haut kommt die erste Mondenwirkung zu einem Endpunkte. Von innen nach außen strahlen die regenerativen Mondenkräfte bis zum Hornspiegel der Haut. Dort werden sie zurückgespiegelt und verwandeln sich in die zweite Mondenwirkung, wo in selbstlosem Zurückdrängen des Lebens Platz geschaffen wird, damit das äußere Licht im Menschen wirken kann.

Durch das Zurückdrängen des Lebens im Gehirn kann die äußere sonnendurchleuchtete Welt im Menschen zum Bewußtsein kommen. Aber durch das selbstlose Wesen der Nerven geschieht noch viel mehr: Das Licht der Welt kommt zum Bewußtsein, indem es aufgehalten wird; die nicht sichtbaren Gestaltungskräfte der Sonnenwelt werden vom Gehirn nicht aufgehalten. (Dr. Steiner spricht hier von einem Siebe, das diese Weltengestaltungskräfte und Weltenlebenskräfte durchläßt.) Diese nicht aufgehaltenen Wirkungen, die sich im Lebensäther und chemischen Äther ausdrücken, durchströmen das Gehirn

und folgen den Nervenbahnen bis zu den inneren Organen. Da werden sie zu neuer Substanz verdichtet. Man hat
hier eines der größten Geheimnisse des Lebens vor sich.
Die Organe des *Menschen selber* sind nicht aus der Nahrung
aufgebaut, aber wie Dr. Steiner sagt, sie sind jeweils neu
entstanden, neu aus dem Kosmos heraus verdichtet. Im
Darme *verschwindet* ein Teil der Substanz (der Teil, der
durch das Ich verdaut wird) *in den Mittelpunkt hinein* und
erscheint dadurch als ätherische Kraft in der unendlichen
Peripherie. Zu gleicher Zeit kann durch die Nerven hindurch in die Organe hinein neue ätherische Substanz verdichtet werden.

Das ist das geheime Zusammenspiel von Sonnengestal-
tungskräften und Mondenspiegelungskräften, durch das
die Erde substantiell erneuert wird. Denn schließlich kommen diese neuen Substanzen durch Abstoßen und Sterben
in den Kreislauf der Erdenelemente hinein. Im Landwirtschaftlichen Kurs bespricht Dr. Steiner eine ähnliche Um-
wandlung von Elementen, die zwar nicht soweit geht wie
im Menschen, die aber zeigt, daß auch in der organischen,
nicht menschlichen Welt die Neigung zur Neuformung
von Substanzen besteht. Dr. Steiner bespricht da die Ver-
wandtschaft von (totem) Stickstoff der Luft mit Sauerstoff
(die durch elektrische Kraft gebunden werden für die
Kunstdünger-Stickstoffindustrie – der Verfasser) und einer
geheimen Verbindung von *Kalk* und *Wasserstoff* in den organischen Prozessen, wo unter Einfluß des Wasserstoffs
fortwährend Kalk und Kali umgewandelt wird in «Stick-
stoffartiges und zuletzt in wirklichen Stickstoff. Und dieser
Stickstoff, der auf diese Weise entstehen kann, der ist gerade so ungeheuer nützlich für das Pflanzenwachstum,
aber man muß ihn sich eben erzeugen lassen durch solche

Methoden, wie ich sie geschildert habe.» (Gemeint sind die Präparate.)

Kali und Kalk sind die Elemente, durch die die untersonnigen Planeten, besonders der Mond wirkt. Wie wir aus dem Landwirtschaftlichen Kurs wissen, ist also eine Tätigkeit beschrieben, bei der die untersonnigen Planeten eine Rolle spielen.

Jetzt noch etwas anderes zur Unterbauung der nächsten Betrachtungen:

Am Ende des zweiten Vortrages bespricht Dr. Steiner die Planetenwirkungen auf das embryonale Tier. Vorn ins Maul hinein strahlt die direkte Sonnenwirkung, hinten vom Verdauungsauslauf hinein die durch den Mond zurückgestrahlte Sonnenwirkung. Im Laufe der Entwicklung geht das dann so weiter, daß die direkte Sonnenwirkung bis zum Herzen strahlt und die obersonnigen Planetenwirkungen mitwirken bei der Kopfgestaltung und daß von hinten, vom Verdauungstrakt her die (rückstrahlenden) Mondenwirkungen unterstützt werden durch Merkur und Venus. *Im Verdauungstrakt des Tieres haben wir also untersonnige Wirkungen zu suchen.* (Wir haben das schon bei der Schafgarbenblase und den Kamillendärmen besprochen.) Oder besser gesagt, *dort wirken die Sonnenwirkungen durch die untersonnigen Planeten hindurch.* In dem Mist haben wir es nicht nur mit einem Abbauprodukt der Nahrung zu tun, sondern mit einer ganz von tierischen Wirkungen durchdrungenen Substanz. Selbst eine materialistische Betrachtungsart kann uns das schon lehren, denn in den Verdauungsbrei hinein sind viele Liter Verdauungssäfte ausgeschieden worden (eine Merkurwirkung). Zwar wurden diese teilweise im Dickdarm wieder resorbiert, aber sie sind im Mist noch immer reichlich anwesend. Der Mist ist eine Pflanzensubstanz in abgebautem Zustand, ganz durchdrungen von untersonnigen, tierischen Wirkungen oder: von Sonnenkräften, die durch die untersonnigen Planeten hindurchwirken.

Wir verstehen unter Mist also: *konzentrierte Sonnenwirkung durch die untersonnigen Planeten hindurchwirkend.* Halten wir das für später fest und kehren zurück zum Horn.

Es besteht eine für uns schon durchsichtig gewordene Verbindung zwischen diesen Verdauungswirkungen und der Haut. Beim Hornvieh ist es merkwürdig, daß gerade die Punkte, wo die inneren Kräfte ausstrahlen möchten, daß gerade diese aus dem Kopf hinausragenden Punkte mit einer Hornkappe überdeckt sind. So kommt es, daß die von innen wirkenden (untersonnigen) Kräfte erst zu diesen aus dem Tierkörper hinausragenden Formbildungen (Hörner, Pfoten) hingeleitet werden, dann aber wieder in das Innere zurückgestrahlt werden. Dadurch steigert sich diese untersonnige Kraft in der Verdauung in der Potenz. Zu den ersten Mond-, Merkur-, Venus-Prozessen werden die zweiten von außerhalb des Verdauungstraktes, von der Hautperipherie aus, hineinstrahlend wirksam.

Wir halten jetzt wieder neu fest: *Im Tier strahlt das Horn die untersonnigen Planetenkräfte aus dem Verdauungstrakte (aus dem Mist) zurück in den Mist hinein.*

Was geschieht jetzt bei der Herstellung von Präparat 500? Mist wird direkt ins frische Horn getan und über Winter im Acker begraben. Im Winter wirkt die «Wintersonne», das ist die Sonnenkraft, die sich im Leben und Chemismus «dunkel» auswirkt. Der Acker ist erfüllt mit dieser dunklen Sonnenlebenskraft.

Rudolf Steiner sagt darüber im 4. Vortrag des Landwirtschaftlichen Kurses: «Dadurch, daß wir nun das Kuhhorn mit seinem Mistinhalt eingegraben haben, dadurch konservieren wir im Kuhhorn drinnen die Kräfte, die das Kuhhorn gewohnt war, in der Kuh selber auszuüben, nämlich rückzustrahlen dasjenige, was Belebendes und Astralisches (d.h. also untersonniger Stoffwechsel, B. L.) ist. Dadurch, daß das Kuhhorn äußerlich von der Erde umgeben ist, strahlen alle Strahlen in seine innere Höhlung hinein, die im Sinne der Ätherisierung und Astralisierung gehen. Und es wird der Mistinhalt des Kuhhorns mit diesen Kräften, die nun dadurch alles heranziehen aus der umliegenden Erde, was belebend und ätherisch ist, es wird der ganze Inhalt des Kuhhorns den ganzen Winter hindurch, wo die Erde also am meisten belebt ist, *innerlich belebt.* Innerlich belebt ist die Erde am meisten im Winter. *Das ganze Lebendige wird konserviert* in diesem Mist und man bekommt dadurch eine außerordentlich konzentrierte, belebende Düngungskraft in dem Inhalte des Kuhhorns.» (Hervorhebungen B. L.)

Die vorangegangenen Betrachtungen zusammenfassend, können wir sagen: Im präparierten Kuhhorn haben wir *die konservierte belebende Wintersonnenkraft,* d.h. die Sonnenkraft, die durch die untersonnigen Planeten hindurch wirken möchte und dadurch bei der Pflanze auf Keimen, Wurzelentfaltung und Wachstum wirkt. Der bespritzte Boden kann diese belebenden (dunklen) Sonnenkräfte für die Pflanze heranziehen.

Jetzt kommt noch ein weiteres für die Anwendung des Präparates: Im Kuhhorn ist eine konservierte Kraft anwesend, «eine ungeheure Kraft ... an Astralischem und an Ätherischem», aber in konservierter Form. Man kann diese dunkle Wintersonnenkraft bewahren und herumtragen. In dieser konservierten Form ist sie unbrauchbar für die

Pflanze. Um sie wirksam zu machen, müssen die gebändigten, ätherischen und astralen Kräfte wiederum gelokkert werden, damit sie sich frei strömend entfalten können. Da es aber gebändigte Sonnenkräfte sind, werden sie gelockert, indem sie in eine rhythmische Sonnenbewegung hineingebracht werden. Die Sonnenbewegung ist die einwickelnde und auswickelnde Spirale, wie wir schon dargestellt haben. Durch diese spiralige Bewegung wird das Präparat 500 hindurchgeführt, bevor es ausgespritzt wird. Man rührt hinein in das saugende Nichts des Kraters und hinaus aus diesem Kraterzentrum in die Peripherie.

Es wäre wichtig, daß man sich während des Rührens der Wesensverschiedenheit dieser beiden Richtungen bewußt ist: die eine mit der lichten Sonnenbewegung mitgehend, die andere dem Sonnenlauf entgegen, die dunkle Sonnenbewegung. – Durch dieses Rühren werden die konservierten Kräfte gelockert und in strömende Tätigkeit versetzt. Im Präparat 500 erkennen wir die dunklen Wintersonnenkräfte, die den Weg suchen durch die untersonnigen Planetenwirkungen hindurch von der Erde nach der Peripherie hin. Es ist dieses die Sonnenkraft, die Keimen und Frühjahrswachstum anregt. Es ist die *Winter-* oder auch *Nachtsonne.*

Rudolf Steiners Tischgebet fängt an mit den Worten:

«Es keimen die Pflanzen in der Erde Nacht». Vielleicht waren diese Betrachtungen auch ein Weg, um diesen einen Satz zu verstehen.

Präparat 501 – Hornkiesel

Gewissermaßen als Gegensatz zu Präparat 500 ist Präparat 501 angegeben worden. Diesmal wird in das Kuhhorn nicht Mist hineingetan, sondern die dem Kuhhorn scheinbar wesensfremde Substanz des Kiesels. Scheinbar, denn wenn man nachsucht, wo Kiesel im Menschen vorhanden ist, dann finden wir ihn in den Haaren und Nägeln substantiell vorhanden. Und gerade das Vorhandensein von Kiesel in Haut und Hautorganen macht, daß diese Haut nicht nur abschließend wirkt, sondern zugleich doch wieder Tor sein kann, indem sich die Sinne in der Haut entwikkeln. Der Kiesel hängt zusammen mit der Sinnestätigkeit der äußeren und inneren Häute. (Denken wir an das Bauchfell, in das der Löwenzahn genäht wird, der gerade die Kieselwirkungen übermittelt.)

Kiesel im Kuhhorn benimmt sich anders als Mist im Kuhhorn. Kiesel im Kuhhorn möchte zu einer gewaltigen Sinnestätigkeit erwachen, möchte Organe entwickeln, womit Licht und Wärme wahrgenommen werden, und ihre gestaltenden, qualitativen Wirkungen in die Lebensprozesse eingreifen lassen. Dieses Kuhhorn mit Kiesel gefüllt kann sich in der winterlichen Erde nicht zuhause fühlen. Im Kiesel ist eine Verbindung mit den obersonnigen Planeten vorhanden und mit der sommerlichen Licht- und Wärmewelt. Diese obersonnigen Kräfte wirken im Sommer als erster inkarnierender Strom in der Kieselspiegelung des Bodens und als zweiter exkarnierender Strom in den Licht- und Wärmeprozessen des Bodens selber. Das Kieselkuhhorn, in die sommerliche Erde gebracht, saugt aus dieser Sommererde die lichten, durch die oberen Planeten wirkenden Son-

nenkräfte so aus, daß diese in der qualitativen Substanzbildung wirken können.

Das Kieselpräparat 501 gibt der Pflanze Sinnesorgane für
dasjenige, was durch die lichten, hellen Tages- oder Som-
mersonnenkräfte wirken will. Dadurch werden die Pflanzen durchlässig, und was jetzt eintritt, ist, daß die Gesamt-
heit der oberen Planetenkräfte einwirken kann. Diese wirken dann so, daß sie in der Substanz Qualität und Nährkraft entstehen lassen. Deshalb spritzt man dann, wenn die
Pflanzenteile sich entwickeln, die man später ernten will.

Nicht nur Qualität, also Gestaltung übermitteln sie (die
ersten obersonnigen Wirkungen), sondern auch Nährsub-
stanz (die zweiten obersonnigen Wirkungen). *Im Präparat
501 erkennen wir also die Wirkungen der lichten Tages- oder
Sommersonnenkraft*, d.h. die Sonnenkraft, die sich durch die
obersonnigen Planeten hindurch offenbaren will. Die Wirkung vollzieht sich so, daß das Wachstum gehemmt wird,
aber Substanz angesetzt wird. Mit Präparat 501 erzeugen
wir nahrhafte Produkte mit einer festen, gesunden Struktur, die dadurch auch haltbarer sind.

Auch Präparat 501 muß durch die Sonnenbewegung
rhythmisch hindurchgeführt werden. Der letzte Vers des
Tischgebetes kommt hier in Betracht:

«Es reifen die Früchte durch der Sonne Macht.» – Durch
die Macht der äußeren, lichten Tages-Sommersonne reift
die Frucht, die Nahrung aus. Wenn man die Sprache der
Bilder richtig versteht, darf man sagen: «Es keimen die
Pflanzen in der Erde Nacht» kann uns Präparat 500 verstehen lassen; «Es reifen die Früchte durch der Sonne
Macht» das Präparat 501.

Mit diesen Betrachtungen sind wir nunmehr zu einem
Endpunkte gekommen, und ich möchte jetzt noch einiges

sagen, was sonst meistens als Vorwort zuerst gesagt wird:

Nehmen Sie, meine lieben Freunde der biologisch-dynamischen Arbeitsgruppen, die vorangegangenen Zeilen auf, wie sie geschrieben sein wollten. Für mich hat sich dieses in langjährigem Leben mit dieser Materie so ergeben. Ich bin aber kein Landwirt. Prüfen Sie also das Geschriebene; es soll kein Dogma sein, aber mein erster Versuch, zur Lösung der Probleme beizutragen, die mit den Präparaten zusammenhängen. Wenn es Ausgangspunkt für weiteren Gedankenaustausch wird, bin ich schon dankbar.

Dr. B. C. J. Lievegoed

Literatur

Ulf Abele: Vergleichende Untersuchungen zum konventionellen und biologisch-dynamischen Pflanzenbau. Dissertation.

Gerbert Grohmann: Lesebuch der Pflanzenkunde. Stuttgart [11]1992.

– Die Pflanze. Ein Weg zum Verständnis ihres Wesens. Band 1, Stuttgart [6]1981. Band 2, Stuttgart [3]1981.

Friedrich A. Kipp: Die Evolution des Menschen im Hinblick auf seine lange Jugendzeit. Stuttgart [2]1991.

Lili Kolisko: Sternenwirken in Erdenstoffen. Experimentelle Studien aus dem biologischen Institut am Goetheanum. Stuttgart 1927.

– Das Silber und der Mond. Stuttgart 1929.

– Der Jupiter und das Zinn. Stuttgart 1932.

– Der Mond und das Pflanzenwachstum. Stuttgart 1933.

– Saturn und Blei (325 Fotos). Stuttgart 1952.

Hermann Poppelbaum: Mensch und Tier. Fünf Einblicke in ihren Wesensunterschied. Dornach [7]1975.

– Tier-Wesenskunde. Dornach [2]1982.

Rudolf Steiner: Geisteswissenschaftliche Grundlagen zum Gedeihen der Landwirtschaft. Landwirtschaftlicher Kurs (1924). GA 327. Dornach [7]1984.

– Menschenfragen und Weltenantworten (1922). GA 213. Dornach 1984[2].

Maria Thun, Hans Heinze:
- Anbauversuche über Zusammenhänge zwischen Mondstellungen im Tierkreis und Kulturfragen. Stuttgart ³1983.

Günther Wachsmuth:
- Erde und Mensch. Band 1. Ihre Bildekräfte, Rhythmen und Lebensprozesse. Dornach 1980.

Biologisch-Dynamische Landwirtschaft

ECKART VON WISTINGHAUSEN
Düngung und biologisch-dynamische Präparate
106 Seitem, kartoniert.

ECKART VON WISTINGHAUSEN
Anleitung zur Anwendung der biologisch-dynamischen Präparate
48 Seiten, kartoniert.

HERBERT KOEPF
Landbau, natur- und menschengemäß
Methoden und Praxis der biologisch-dynamischen Landwirtschaft.
270 Seiten mit zahlreichen Abbildungen, Skizzen und Tabellen,
kartoniert.

Verlag Freies Geistesleben

Biologisch-Dynamische Landwirtschaft

Kooperation oder Konkurs

Die Landwirtschaft braucht neue Sozialformen.
Versuche und Praxis im biologisch-dynamischen Landbau.
Herausgegeben von Heinz Gengenbacher und Max Limbacher.
176 Seiten mit 8 Abbildungen, kartoniert.

MICHAEL RIST UND MITARBEITER

Artgemäße Nutztierhaltung

Ein Schritt zum wesensgemäßen Umgang mit der Natur.
Veröffentlicht im Rahmen der Sektion Tierhaltung
und landwirtschaftliches Bauwesen des Instituts
für Nutztierwissenschaft der ETH Zürich.
120 Seiten mit 63 Abbildungen, kartoniert.

MICHAEL WORTMANN

Konventionelle und biologische Landwirtschaft im Spannungsfeld von Ökonomie und Ökologie

Mit einem Vorwort von Dr. Herbert Gruhl.
449 Seiten, kartoniert.

Verlag Freies Geistesleben